Ulrich Beer

Kraft aus
der Einsamkeit

Ulrich Beer

Kraft aus
der Einsamkeit

Eigene Potentiale erforschen und genießen

Die Deutsche Bibliothek – CIP-Einheitsaufnahme

Beer, Ulrich:
Kraft aus der Einsamkeit : eigene Potentiale erforschen und
genießen / Ulrich Beer. – München : mvg-Verl., 1992
  (mvg-Paperbacks ; 447)
  ISBN 3-478-08447-4
NE: GT

Das Papier dieses Taschenbuchs wird möglichst umweltschonend
hergestellt und enthält keine optischen Aufheller.

Titel der im Kreuz Verlag erschienenen Originalausgabe:
„Kraft aus der Einsamkeit"
© 1990 by Kreuz Verlag, Stuttgart

Umschlaggestaltung: Gruber & König, Augsburg
Druck- und Bindearbeiten: Presse-Druck Augsburg
Printed in Germany 080 447/292602
ISBN 3-478-08447-4

Inhalt

Vorwort 7

Allein sein ist nicht einsam sein 9
Jeder dritte lebt allein 11
Irgendwann ist es jeder 22
Gründe und Abgründe der Einsamkeit 27

Die gefährliche Einsamkeit 33
Der Verlust des Du 35
Die Verfehlung des Ich 55
Verfall und verfallen sein 63
Vereinsamung und Verameisung 75

Die produktive Einsamkeit 81
Klausur als Chance 83
Wege nach innen 88
Zeit zur Versenkung 95
Kreativität als Ergebnis 100

Der Weg nach draußen 105
Nicht warten: handeln 107
Es gibt immer mehrere Möglichkeiten 112
Initiative öffnet Türen 144
Wer andern hilft, hilft sich selbst 153

Der Mut, allein zu sein 165
Polare Spannungen aushalten 167
Sich selbst der beste Freund sein 172
Aus Einsamkeit wird Freiheit 175

Anhang 187
Literatur 190

Vorwort

Die Einsamkeit wirft ihren langen und nur zeitweise unterbrochenen Schatten auf das Leben des Menschen. Zwischen dem Geburts- und dem Todesschmerz, die wir einsam erleiden, lenken uns wechselnde Geselligkeiten, die freilich zu den höchsten Glücksaufschwüngen führen können, immer wieder von dem Grund unseres Lebensweges ab, der nicht gebahnt ist und keine Spuren hinterläßt, eben weil er einsam gegangen werden muß.

Einsamkeit wäre ein trauriges Schicksal, wenn es unser einziges wäre. Flach und wesenlos bliebe unser Leben, wenn es ohne die individuelle Spur unserer Einsamkeiten verliefe, die ganz uns selbst zugehören. Beides zusammen ergibt den vollkommenen menschlichen Sinn, ergänzt sich zu jener spannungsvollen, zugleich schönen und traurigen Melodie, ohne die wir das Leben nicht lieben könnten: Gemeinsamkeit auf dem Hintergrund der Einsamkeit – und Einsamkeit mit den Vorsprüngen und Erhebungen der Gemeinsamkeit.

Einsamkeit kann furchtbar und sie kann fruchtbar sein. Heute ist die gefürchtete, unfreiwillige Einsamkeit unter zahllos vielen, anonymen Menschen alarmierend groß geworden. Die daraus erwachsenden Ängste und Depressionen haben in einem Maß zugenommen, dessen Ärzte und Psychologen nicht mehr Herr werden. Und das im Zeitalter der Massenkommunikation und Ballungszentren! Zugespitzt läßt sich sogar behaupten: Je mehr Kommunikation in der Öffentlichkeit, um so einsamer der einzelne.

Erstaunlicherweise suchen andere die Einsamkeit, die Begegnung mit der Natur, mit sich selbst, mit Gott. Künstler, Denker, Aussteiger, Einsiedler – Menschen, die

Konzentration suchen, sich selbst und den Dingen auf den Grund gehen wollen. Endlich sind sie ungestört. Sie tanken da Kraft, wo andere in Verzweiflung zu ertrinken fürchten.

Wie erreicht man das eine und vermeidet das andere? Wie lernt man Einsamkeit ertragen, wo sie unvermeidbar ist, zu überwinden, wo sie überwunden werden sollte, und sie fruchtbar zu nutzen, wo sie auf Gemeinsamkeit spannungs- und sinnvoll bezogen werden kann?

Um dieses Spannungsverhältnis und ein positives Verständnis der Einsamkeit geht es in diesem Buch, das allen helfen will, die aus erlittener Einsamkeit heraus- und in die große Weite der unbekannten eigenen Welt, den »Weltinnenraum« (Rilke), hineinfinden möchten.

Eisenbach-Oberbränd

Ulrich Beer

Allein sein
ist nicht
einsam sein

Jeder dritte lebt allein

Der Mensch ist ein Gemeinschaftstier – dies ist die volkstümliche Übersetzung jener Aussage der klassischen Philosophie, die ihn für ein *zoon politikon* erklärt. Alle anthropologischen Aussagen über den Menschen verweisen auf seine soziale Bedürftigkeit, seine Gemeinschaftsabhängigkeit: Von dem lapidaren Satz des Schöpfers in der Genesis angefangen »Es ist nicht gut, daß der Mensch allein sei« bis zu Ralf Dahrendorfs »Homo sociologicus«. Und Goethe kann unwidersprochen im »Tasso« erklären: »Was wir sind, das sind wir andern schuldig.«

Aber immer mehr Menschen bleiben sich dem andern schuldig, nehmen die täglichen Segnungen erlebter Gemeinsamkeit gar nicht mehr wahr. Sie leben allein in den Waben der Betongesellschaft, vom Nachbarn zwar akustisch schlecht, aber psychisch um so stärker isoliert. Je näher wir zusammenleben, um so störender empfinden wir offenbar die Nähe des anderen. Menschenhäufung garantiert noch nicht Menschenbegegnung. Im Gegenteil: Der erste Präsident unserer Bundesrepublik, Theodor Heuss, sprach einmal von der Verameisung unserer Gesellschaft, die zugleich Vereinsamung bewirke. Angeschlossen an die großen Netze der Massenkommunikation und -versorgung, leben bereits etwa ein Drittel unserer Gesellschaft Abend für Abend, Wochenende für Wochenende allein in ihrer Höhle – Maulwürfe der modernen Massengesellschaft, die mit Television und Telekommunikation die geistigen Verbindungsstränge zum öffentlichen Geschehen herstellt, an die der Mensch mehr oder minder passiv angeschlossen ist – vergleichbar dem Patienten in einer Intensivstation, der lediglich durch Schläuche und Drähte mit den lebensspendenden Geräten verbunden ist und nur über sie am Leben erhalten wird.

Wie Liebe einst – so in einem Filmtitel – »das Brot der Armen« genannt wurde, ist heute die Telekommunikation das Brot der Einsamen – vor allem und noch immer natürlich das Fernsehen. Und hier stellt sich die erstaunliche Tatsache heraus, daß das Fernsehen heute schon der Schnuller der Kleinen, die elektronische Großmutter der etwas Größeren, aber auch noch der leuchtende Hausaltar der alleinstehenden Senioren ist. Einsamkeit ist eine lebensbegleitende Tatsache – ebenso wie die immerwährende, fast pausenlose maschinelle Unterhaltung der Zeitvertreibungsindustrie.

Einsamkeit kann sich hinter optischem und akustischem Lärm, hinter Betriebsamkeit und Phrasen, in Orgien oder Langeweile verstecken. Aber man kann sie nicht loswerden oder bewältigen, indem man ihr ausweicht, sich ablenkt oder betäubt.

Nicht einmal die ersehnte Zweisamkeit bietet die sichere Befreiung. »Beziehungskisten« zerbrechen und halten nicht, was sie versprachen. Ehen – heute ohnehin als spätbürgerliches Relikt patriarchalischer Strukturen belächelt – werden zögernd eingegangen und mit zunehmender Leichtigkeit aufgelöst. Für viele scheint die dann folgende Einsamkeit gegenüber den Beziehungszwängen fast noch das kleinere Übel zu sein. Und obwohl die meisten die Einsamkeit über alles fürchten, ist eine wachsende Zahl von Menschen in unserer Gesellschaft zu ihr verurteilt. Ein Widerspruch? Keineswegs der einzige: Er hängt mit dem anderen zusammen, der die Ehe betrifft und den ein respektloses Bonmot so ausdrückt: Die Hochzeit ist das Eingangstor zum Himmel, und die Scheidung ist die Ausgangspforte der Hölle. Die Ehe ist also ähnlich ambivalent und paradox, ist Lustschloß oder Zwangsanstalt, und viele

Partnerschaften zeichnen sich dadurch aus, daß die beiden es weder miteinander noch ohne einander über längere Zeiten aushalten. Wohl niemand hat diese tief im Menschen verwurzelte Paradoxie von Anziehung und Abstoßung, Selbsthingabe und Selbstbehauptung schöner veranschaulicht als Arthur Schopenhauer mit seiner bekannten Fabel von den zwei Stachelschweinen: »Es waren einmal zwei Stachelschweine, die sich in der Nacht dicht aneinander schmiegten, um sich gegenseitig zu wärmen, wobei sie sich jedoch unvermeidlich stachen. Gereizt und verärgert trennten sie sich, begannen jedoch schon bald vor Kälte zu zittern. Abermals suchten sie ihre Wärme und Nähe, wurden aber durch Schmerz und Ärger wieder auseinandergetrieben. Immer wieder versuchten sie es aufs neue. Die Hoffnung auf die Wärme des Partners trieb sie zueinander, doch wurden sie bei jeder Berührung enttäuscht wieder auseinandergetrieben.«

Insofern ist es nur konsequent, wenn man die Probleme der Alleinlebenden in Beziehung setzt zur Stellung der Ehe in unserer Gesellschaft, denn beide verhalten sich in der Tat wie zwei kommunizierende Röhren.

Die Stellung der Alleinlebenden läßt sich nicht verstehen ohne einen Blick auf die Bedeutung der Ehe in unserer Gesellschaft. Sie ist in einer Entwicklung, die über Jahrhunderte reicht, zu einer Art Monopolinstitution des Verhältnisses von Mann und Frau geworden: Immer mehr Menschen heiraten immer früher, jedenfalls wenn man das zwanzigste Jahrhundert mit dem vorangegangenen vergleicht. Während trotz der allgemeinen Ehekrise auch heute noch über 90 Prozent der Menschen in unserer Gesellschaft irgendwann heiraten, waren es vor ein- bis zweihundert Jahren kaum die Hälfte, und die Zahl der Frühehen hat sich in einem halben Jahrhundert verzwölffacht – parallel zur explosiven Steigerung der Scheidungsziffern.

Auch die Scheidung ist übrigens keine Absage an die Ehe, sondern eher so etwas wie eine heimliche Liebeserklärung an sie – oder wie soll man es deuten, daß 70 Prozent der Geschiedenen schon innerhalb von drei Jahren erneut heiraten? Das heißt doch wohl nicht, daß sie von der Ehe genug hätten und klüger geworden wären, sondern eher, daß sie einen so hohen Begriff von der Ehe haben, daß sie eine schlechte gegen eine bessere eintauschen wollen, und in der Tat verlaufen die Zweitehen harmonischer. Trotz der elementaren Krise der Ehe, trotz zunehmender Scheidungsziffern, trotz des gewachsenen persönlichen und finanziellen Risikos, das mit der Ehe verbunden ist, stellt sie immer noch die Regelinstitution der Beziehung zwischen den Geschlechtern und wohl auch insgeheim den Wunschtraum der meisten Alleinlebenden bis weit über die Lebensmitte hinaus dar.

Gleichwohl bilden die Singles – schon weil die Ehe in einer wachsenden Zahl von Fällen nicht über die ganze Länge des Lebens andauert – einen beachtlichen Anteil der Bevölkerung, und zwar ungefähr ein Drittel. Allerdings setzt sich diese Großgruppe aus sehr verschiedenen Untergruppierungen zusamen: Da sind die jungen, noch Unverheirateten auf der einen und die durch Tod eines Partners einsam gewordenen Alten auf der anderen Seite. Dazwischen aber ist die weitaus vergleichbarere Großgruppe der Erwachsenen, die entweder ohne ständige Partnerschaft oder zeitweilig oder auch für die Dauer getrennt oder geschieden leben. Jedes Jahr kommen in der Bundesrepublik rund eine viertel Million hinzu – allerdings oft nur für die Dauer einiger Jahre. Immer mehr Menschen machen als Erwachsene die Erfahrung zeitweiligen oder dauernden Alleinlebens – sei es, weil das Erwachsenenleben früher beginnt, sei es, weil die Partnerschaft früher endet, sei es, weil das Leben für die meisten länger dauert. Aber nicht die Soziologie der Alleinlebenden soll uns hier interessieren, sondern die Psychologie des Alleinlebens.

Um allein zu leben und das Alleinleben auszuhalten, muß man stark sein, und um es bejahen zu können, braucht man ein stabiles Selbstwertgefühl und das Bewußtsein, in sich selbst einen guten, ja den besten Freund zu haben. Offenbar fällt dies dem Menschen schwer. Er ist auf Partnerschaft, Austausch, Zusammenarbeit angelegt. Schon eine zweite Bezugsperson kann Schwankungen und Schwächen ausgleichen, bedrohtes Gleichgewicht stabilisieren helfen.

»Einer mag überwunden werden, zwei werden widerstehen«, heißt es schon im Prediger Salomo. Wahrscheinlich kennt jeder Alleinlebende Zeiten des Selbstzweifels und der Depressionen, Minderwertigkeitsgefühle und Ängste. Man kann bei diesen Leiden sogar vom typischen Einsamkeitssyndrom sprechen. Immer wenn Abweichungen gefährlich werden – Alkoholkonsum in Alkoholismus, Minderwertigkeitsgefühle in Verzweiflung, Trauer in Todessehnsucht übergehen –, ist dies mit dem Schritt in die Einsamkeit, in die Isolation, die Verinselung verbunden.

Für die meisten heute ist das Schicksal mehr oder weniger aufgezwungen, weil sie nach gescheiterten Versuchen allein geblieben sind oder ihre Partner-, insbesondere Paarbeziehungen nicht das Leben überdauerten. Zum Gefühl der Isolation kommt der Vorwurf des Scheiterns, häufig der Schuld, immer aber der Unvollständigkeit und des Ungenügens. Trotziges Auftrumpfen wechselt mit sehnsüchtiger Trauer. Wehmütige Schatten fallen auf die unwiederbringliche Vergangenheit, und auch die Gegenwart scheint sinnlos zu verstreichen.

Wie anders hatte man sich alles vorgestellt, mußte es so kommen, andere sind doch auch glücklich, so lauten –

hundertfältig variiert – die Fragen und Vorstellungen, die nicht aus der Misere führen, sondern sie eher vertiefen. Die bestürzendste Erfahrung vielleicht ist, daß die glückliche und problemlose Umwelt so gut wie nichts tut, die Misere der Einsamen zu erkennen und heilen zu helfen. Die große Ausnahme ist der Todesfall. Hier ist das Verhalten ritualisiert: Man gibt sich schwarz umrandet, nimmt Anteil, erweist die letzte Ehre, bekundet Respekt und Hilfsbereitschaft – wenn auch dies meistens nur für wenige Wochen, aber immerhin ist es etwas, was den zurückgebliebenen Einsamen aufrichtet und stärkt.

Wer aber verlassen wurde oder verlassen hat, wer gar Beziehungen wechselt oder einfach keine dauerhafte findet, wer also zwischen spärlichen Höhen die gleichwohl tiefen Täler der Tränen und der Trauer durchwandert, wird auf wenig Mitgefühl rechnen können. Und hier verhalten sich alle gleich, Clubs und Vereine, Kirchen, Freundeskreise und Verwandtschaft: Man schneidet und meidet, aber kaum jemand besucht oder lädt ein, schreibt oder telefoniert. So etwas ist peinlich und wird umgangen. Man redet über, aber nicht mit, man geht um den Einsamen herum, aber nicht auf ihn zu. Hier zeigt sich auch, in welchem Maße die Gemeinde lebendig, Bruderschaft und Schwesternschaft real ist oder nur verbal: Bis jetzt sind die Gemeinden blind gegenüber dieser Aufgabe oder damit überfordert, obwohl es eine der größten pastoralen Aufgaben des 20. Jahrhunderts sein dürfte, Menschen aus ihrer Verzweiflung und Isolation zu befreien, die ja auch kraftlos und mutlos macht, von sich aus zu kommen, sich zu engagieren oder sich auch nur unter Menschen zu zeigen.

Die Betroffenen erleben die Peinlichkeit doppelt, die schon den Außenstehenden hindert, das Selbstverständliche zu tun. Wie soll er es tun, für den die Welt voller Barrikaden und Hindernisse zu liegen scheint?

Der echte Trauerfall ist das schönere Schicksal, wenn auch er in die Einsamkeit führt. Aber Martin Luther sagt: »Es gibt keine süßere Verbindung als die einer guten Ehe. Es gibt keine herbere Trennung als die einer guten Ehe.« Wenn eine glückliche Ehe getrennt wird, so geschieht dies meistens durch Tod, und in zwei von drei Fällen überlebt die Frau ihren Mann. Jede vierte Frau, die Witwe wird, ist jünger als 45 Jahre. Witwen überleben ihre Männer im Durchschnitt um mehr als zwanzig Jahre. Die Frauen haben heute eine allgemeine Lebenserwartung von fast 78 Jahren, die Männer sind bei etwa 72 Jahren stehengeblieben. Es scheint, als ob sich der Abstand weiter vergrößere. Man ist geneigt, diese Tatsache im Sinne der Männer bedauernswert zu finden, aber sind die Frauen, die an ihren Gräbern zurückbleiben, nicht noch bedauernswerter? In der Bundesrepublik leben heute insgesamt mehr als vier Millionen Witwen. Würden sie sich zusammenschließen, wären sie eine mächtigere Organisation als Bauern- oder Vertriebenenverbände. Sie kämen an Stärke fast an den Deutschen Gewerkschaftsbund mit seinen sechzehn Einzelgewerkschaften heran. Nun, einem solchen Vergleich haftet etwas Irreführendes an. Es geht hier nicht um das Gewicht der großen Zahl, sondern im Gegenteil um unzählige Einzelschicksale.

Häufig werden Frauen besser mit dem Schicksal der Hinterbliebenen fertig. Werden nicht gerade sie stets zum schwachen Geschlecht gezählt, wenn es darum geht, eine Tat zu vollbringen, die den ganzen Einsatz fordert? Nun, dies mag in körperlicher Hinsicht stimmen, doch bekanntlich ist es so, daß nervlich und seelisch eine Frau Belastungen besser verkraften kann als ein Mann.

Das beste Beispiel scheint uns der Krieg zu geben. Traf es nicht die Frauen oft viel härter in den ausgebombten Städten als ihre Männer an der Front? Nicht nur ihre eigene Haut war zu retten, sondern die der Kinder, die obendrein versorgt werden mußten. Wohl jede Frau, die dieses Erlebnis mitgemacht hat, ist davon geprägt. Während mancher Mann sich nach dem Krieg schwer tat, sich wieder an das zivile Leben zu gewöhnen, hatten die Frauen längst begriffen, worauf es in höchster Not ankam. Sie hatten das Organisieren von Lebensmitteln längst gelernt. Der Kampf ums nackte Überleben und das ihrer Kinder oder Eltern, die nicht mehr in der Lage waren, sich selbst zu versorgen, hatte so manche Frau in den Kriegswirren an den Rand der Verzweiflung gebracht. Und dies alles unter ungeheuren seelischen Belastungen, die die ständige Angst vor neuen Bombenangriffen mit sich brachte.

Aber trotz der Stärken, die Frauen gleichermaßen wie ihre Männer beweisen mußten, können sie doch ihren Gefühlen freieren Lauf lassen als die Männer. Frauen sind oft stärker, als Männer und die Umwelt es wahrhaben wollen, ob es Seele, Geist oder die körperliche Kraft betrifft. Und obwohl manche Witwe vermißt, ihren Kopf einmal schützend an die starke Schulter ihres Mannes lehnen zu können, kann sie doch, wenn es darauf ankommt, genauso gut das starke Geschlecht sein, aber trotzdem verständnisvoll und einfühlsam für die Sorgen der Kinder.

Natürlich ist eine Frau besser dran, die allein zurückbleibt, als ein Mann, wenn es um die Versorgung des Haushalts geht. Aber das allein ist es ja nicht. Wie steht sie zur Außenwelt, wie wird sie akzeptiert? Hatte sie einen Mann, der im öffentlichen Leben stand, der Ansehen genoß und berufliche Karriere gemacht hatte, ist sie ohne ihn vielfach nur noch die Hälfte wert.

Karin hatte zwei Monate nach dem Tod ihres Mannes jeden Anschluß verloren und war innerlich noch ganz auf ihn fixiert. Manchmal war ihr, als käme er zur Tür herein, würde sie ansprechen. Ganz deutlich meinte sie, seine

Stimme zu hören. Es kann doch nicht wahr sein, daß Albert nicht mehr hier ist, fuhr es ihr wie schon so oft durch den Kopf. Vor nicht langer Zeit hat er hier noch gelebt, in seinem geliebten Fernsehsessel verweilt und seine Pfeife geraucht. Das alles sollte mit einem Mal vorbei sein? Die gemütlichen Abende bei einem Glas guten Weins, die sie beide immer so sehr genossen hatten, der Vergangenheit angehören? Es würde lange dauern, bis Karin sich an die Realität gewöhnt hatte. Tränen rannen jetzt über ihr Gesicht. Wann hatte sie das letzte Mal geweint? Sie wußte es gar nicht. Es mußte lange her sein. Wie ein Film lief ihr Leben vor ihren Augen noch einmal ab. Beide hatten sich so sehr auf ihren Lebensabend gefreut. Albert hatte nur zwei Jahre seine Pensionierung genießen können. Dann ereilte ihn ein Herzschlag, der zum viel zu frühen Tod geführt hatte. Viel Zeit für sich selbst hatten beide bisher nicht gehabt. Die Kinder mußten versorgt werden. Als sie in die Schule gingen, arbeitete Karin vorübergehend wieder, um die Haushaltskasse aufzubessern. Jetzt, da sie erwachsen waren und das Elternhaus verlassen hatten, wollten Karin und Albert sich einmal Urlaub gönnen, wollten gemeinsame Interessen verwirklichen und sich einen geruhsamen Lebensabend gestalten. Und jetzt dies, dachte Karin bitter. Warum ist das Schicksal oft sehr ungerecht? Wo bleibt da eigentlich noch der Sinn des Lebens? Diese Fragen stellte sie sich immer und immer wieder.

Plötzlich brach alles aus ihr heraus, was sich in den letzten Wochen aufgestaut hatte. Den Tod und die Beerdigung konnte sie noch einigermaßen gefaßt überstehen. Erst danach zeigte sich das ganze Ausmaß des Verlustes. Es war ihr, als müsse sie alle ohnmächtige Wut, die sich in ihrem Innern geballt hatte, herausschreien. Von einem Weinkrampf geschüttelt, saß sie zusammengesunken im Sessel, bis sie endlich keine Tränen mehr hatte, leer und ausgebrannt war, aber dennoch irgendwie gelöst, als wenn die Tränen ihre Traurigkeit ein wenig weggewaschen hätten.

Trauern reicht tief. Was heißt das: Wir trauern? Hierauf gibt es wohl mehrere Antworten. Ist es nicht vielmehr das Schicksal des Hinterbliebenen selbst? Schwäche, Hilflosigkeit, Versagen, Leid, Neuanfang und das Allein-Weiterleben stimmen uns erst richtig traurig. Der Sinn des Lebens wird in Frage gestellt. Mit dem Tod des Partners sind noch Wünsche und Träume zurückgeblieben, die nicht mehr verwirklicht werden können. Der Betroffene muß sich geschlagen geben. Oft verfällt er dabei in eine tiefe Krise. Lebensfreude und Erwartungen gräbt er tief ein, so daß nichts mehr bleibt, um das Leben zu erhellen. Diese Leere steigert sich meist noch in Wut gegen das Schicksal, das er erleiden mußte, vielfach entwickelt er eigene Schuldgefühle. Dies kann sogar zu einer totalen Wertlosigkeit und Mißachtung der eigenen Person werden. In tiefer Trauer und im Leid fällt es uns schwer, die Zeit der Erinnerungen mit Dankbarkeit anzunehmen. Was hätte sein können, wenn der Verstorbene noch leben würde, wiegt viel schwerer. Alter und körperliche Einschränkungen kommen hinzu und ebenso das Alleinsein, das wir nun bewältigen müssen.

Trauern können wir aber auch auf eine ganz andere Weise. In unserem Herzen lebt der Verstorbene weiter. Und wenn das Leben jetzt ohne ihn weitergehen muß, lassen wir ihn in Gedanken daran teilnehmen.

Trauer ist kein gesellschaftlich teilbares, sondern ein individuelles Gefühl. Trauer im eigentlichen Sinn ist ein rein seelisches Erleben nach dem Tod eines Menschen, mit dem der Hinterbliebene eng verbunden war. Der Bereich von Tod und Trauer ist stark von Vorurteilen und Verdrängungen belastet. Es fängt schon mit dem Wort »Witwe« an. Hier kommt uns sogleich der Gedanke an dunkle

Wohnküchen und bittere graue Frauen, aber auch ebenso an die zum hämischen Slogan gewordene »lustige Witwe«, als sei das Zusammentreffen von Witwentum und Trauer ein bemerkenswertes Phänomen.

Der Tod ist nicht die einzige, oft plötzliche Trennungstatsache für die Menschen. Immer mehr nimmt der Verlust durch Entfremdung oder Scheidung an Bedeutung zu. Auch diese Trennung ist unfreiwillig, selbst wo sie aktiv vollzogen wird. Denn jeder, der in eine Lebenspartnerschaft sein Leben einbrachte, hatte sich das Leben anders vorgestellt. Die ungeheuerlich gestiegen Scheidungsziffern signalisieren die Tragödien der Einzelschicksale und bilden die Grundlage für die soziologische Großgruppe der Singles.

Im Durchschnitt ereilt dieses Schicksal – wie gesagt – heute schon jeden dritten unter uns. Und im Alter wird es fast jeden erreichen. Einsamkeit ist eine existentielle Tatsache. In der Passionspredigt am Sonntag Invocavit im März 1522 hat Martin Luther diese Einsamkeit so beschrieben: »Wir sind allesamt zu Tode gefordert, und keiner wird für den andern sterben, sondern jeder in eigener Person für sich mit dem Tode kämpfen... Ich werde dann nicht bei dir sein noch du bei mir.«

Irgendwann ist es jeder

Daß die meisten Menschen – bewußt oder unbewußt – von der Tatsache des Todes gebannt sind, läßt sie die für ihre Lebensführung wahrscheinlich viel gravierendere Tatsache leicht übersehen, daß sie den letzten Lebensabschnitt allein gehen müssen. Das betrifft nicht nur das Sterben selbst. In der Stunde des Todes werden wir einsam und allein sein. Man kann diese Tatsache auch umgekehrt werten und von der individuellen Würde des Todes sprechen, so etwa Rilke, wenn er bittet: »O Herr, gib jedem seinen eigenen Tod.« In der Stunde des Sterbens treten wir den großen Abschied an, von dem wir hoffen, daß er zugleich der Durchgang zu noch größerem Offenbarten, zur neuen Welt des Ewigen sein wird: »Es wird vielleicht auch noch die Todesstunde uns neuen Räumen jung entgegensenden. Des Lebens Ruf an uns wird niemals enden« (Hesse). So ist vielleicht die Todesstunde selbst schon überglänzt von den ersten Strahlen dieser neuen, ersehnten, erhofften Welt, vom »Morgenglanz der Ewigkeit«. Berichte von Sterbenden, die wieder ins Leben zurückgekehrt sind, erzählen uns von den Tunnelerfahrungen, an deren Ende ein überwältigender Lichtglanz stand und die große Geistgestalt des göttlichen Erlösers sichtbar wurde, bereit, den Sterbenden im neuen Leben zu empfangen. Hier also dürfen wir voll Hoffnung und ohne enge Sorge sein.

Viel schwerer aber wiegt die für viele Menschen lange Strecke der Einsamkeit, die ihren letzten Lebensabschnitt, und dies meist ganz unvorbereitet, trifft. Längst nicht mehr hilft das jahrhundertelang eingespielte System einer Familienhilfe, die den alten Menschen einband in den größeren Kreis von Geborgenheit und Fürsorge.

»Wir müssen Vater zu uns holen, Gerd«, und in Marions Blick war etwas wie ein Vorwurf, und in ihrer Stimme klang eine gewisse Hilflosigkeit mit. Gerd steckte sich bedächtig seine Pfeife an. Er wußte genau, daß seine Frau recht hatte, aber daß es auch nicht ganz einfach sein würde, weil sein Schwiegervater ein schwieriger Zeitgenosse geworden war.

Seit dem Tode seiner geliebten Herta vor vier Jahren lebte der achtundsechzigjährige Alfred allein in der für ihn viel zu großen Wohnung. Bis zu seiner Pensionierung hatte er als Beamter gearbeitet. Jetzt wollte er mit seiner Frau einen geruhsamen Lebensabend verbringen. Beide fühlten sich noch fit genug, um aktiv im Seniorenclub mitzumischen. Sie unternahmen Ausflüge, Reisen in andere Länder, besuchten oft Freunde und Bekannte, bewirteten auch gern ihre Familien und Gäste aus ihrem großen Bekanntenkreis.

Herta verwöhnte ihren Mann von morgens bis abends, wie sie es seit vierzig Jahren getan hatte. Sie bemerkte dabei gar nicht oder wollte es nicht, daß ihr Mann das war, was man in der heutigen Zeit einen Pascha nennt. Doch sie tat es gern und mochte es auch nicht, wenn er ihr bei ihren hausfraulichen Pflichten auf die Finger sah. Das Frühstück war genauso pünktlich fertig wie das Mittag- und Abendessen. Alles hatte seine genaue Zeiteinteilung, wie es bei einem korrekten Beamten üblich war. Die Wohnung war stets aufgeräumt. Alles lag an seinem Platz. Nichts durfte verändert werden. Kurz gesagt: Es herrschte eine perfekte Haushaltsführung und Zeiteinteilung.

Das änderte sich alles schlagartig, als Herta nach kurzer schwerer Krankheit viel zu früh starb. Das warf Alfred völlig aus der Bahn. Marion, seine Tochter, die mit ihrer Familie am anderen Ende der Stadt wohnte, besuchte ihn regelmäßig, kochte für ihn und hielt ihm seine Wohnung in

Ordnung. Doch es war nicht der Lebensstil, den Alfred gewohnt war. Zwar war alles sauber und ordentlich, doch am meisten fehlte ihm, daß nicht den ganzen Tag jemand mit ihm zusammen war. Obwohl Marion ihm immer wieder riet, zu ihnen zu ziehen, lehnte er ab. Er müsse sich zu sehr umstellen, das könne er jetzt nicht mehr. Er mied seine Freunde, ging kaum noch aus dem Haus und vergrub sich mehr und mehr in seinen Kummer, aß kaum noch etwas, lebte von der Erinnerung und ließ sich von ihr zermartern. Seine Kinder machten sich Sorgen, doch das störte ihn nicht. Mit Sorge mußte Marion feststellen, daß die Einsamkeit ihren Vater mehr und mehr in ihren Bann zog.

»Alte Bäume verpflanzt man nicht«, heißt ein altes Sprichwort. Nach vierzigjähriger Ehe oder Partnerschaft ist der tägliche Ablauf genau festgelegt. Der eine Partner ist auf den anderen eingestellt, und es scheint, daß es hier nichts dran zu rütteln gibt. Doch sind wir nicht manchmal sehr ungerecht im Leben? Geht es uns gut, sind wir glücklich verheiratet und können ein intaktes Familienleben genießen, dann halten wir diesen Zustand für etwas Selbstverständliches. Erst wenn er durch Trennung oder Tod zerstört wird, bemerken wir, wie glücklich wir waren. Wie gerne würden wir diese Zeit jetzt wiederholen. Selbst kleine Meinungsverschiedenheiten oder gar mal einen Streit, der, wie wir meinten, unendlich an unseren Nerven zerrte, würden wir jetzt gerne in Kauf nehmen, ja sogar herbeisehnen, wenn der Partner wieder bei uns sein könnte.

Trotz des unsagbaren Schmerzes sollte niemand verbittert werden und anderen ihr Glück neiden. Vielmehr müssen wir – wenn es auch noch so schwer fällt – dankbar sein für das, was wir erleben durften. Es gilt, die Zeit der Partnerschaft als ein Geschenk anzusehen. Unser ganzes Leben lang gilt es, zu bedenken, daß es nicht nur Bedrohliches, Schmerzhaftes und Leidvolles enthält, sondern auch Freude, Erfüllung und Glück.

Wenn diese Dinge durch die Trennung von einem lieben Menschen verlorengehen, müssen wir dafür sorgen, daß sie wieder in unser Leben zurückkehren. Denn oft ist uns erst durch die Trennung bewußt geworden, was Liebe und Glück für uns bedeuten können. Für alte Menschen mag dies schwer sein. Sie stehen der Gesellschaft oft hilflos gegenüber, und dadurch, daß sie mit ihrem Partner lange in einer festgefahrenen Ehe harmonierten, haben sie oft den Anschluß an die übrige Gesellschaft verloren. Dabei sind es gerade diejenigen, welche die meiste Lebenserfahrung vorweisen können. Sie sind reife, erfahrene Persönlichkeiten, die in einer neuerlichen Partnerschaft Glück und Zufriedenheit weiterzugeben vermögen, wenn es für viele ältere Menschen auch schwer sein mag, sich in ihrem Alter erneut einer Partnerschaft oder Ehe zu stellen.

Wie aber mag es den jüngeren Menschen ergehen, die plötzlich allein im Leben stehen? Sie haben nicht nur den eigenen Verlust zu verschmerzen, sondern müssen auch noch oft genug den Kindern den Vater oder die Mutter ersetzen. In dieser Situation ist es doppelt wichtig, daß wir nicht mit unserem Schicksal hadern und verhärmt werden. Obwohl die jungen Menschen sich oft vom Leben vernachlässigt fühlen, weil sie nur eine kurze Zeit mit ihrem Partner glücklich sein durften, müssen sie bestrebt sein, ihren Kindern eine glückliche Kindheit zu gestalten.

Einen Partner zu verlieren muß nicht Einsamkeit zur Folge haben. Vielmehr müssen wir versuchen, die Worte und Gesten anderer Menschen verstehen zu lernen und anzuerkennen. Wer einen lieben Menschen verloren hat, sei es durch Tod oder dessen Entscheidung, kann immer wieder etwas Neues gewinnen. Jeder ist mit Empfindsamkeit ausgestattet, der eine mehr, der andere weniger. Trotzdem müssen die Betroffenen den ersten Schritt tun und dürfen nicht warten, bis sie jemand aus ihrer Isolation holt. Der Kontakt mit anderen hilft uns, an uns selbst zu arbeiten. Denn geteiltes Leid ist halbes Leid.

Wir können nur das verlieren, was wir selbst besitzen, wie Vermögen, Gesundheit, Leben, Vertrauen, Geborgenheit, Illusionen und anderes mehr. Je stärker wir an diesen Dingen gehangen haben und je weniger wir im »Loslassen« geübt waren, um so stärker ist der Schmerz über diesen Verlust. Nur wer diese Dinge als Teil eines Ganzen versteht, kann nichts verlieren. Wir müssen unser ganzes Leben lang lernen, Verluste hinzunehmen, sie zuzulassen und als Signal zu verstehen.

Gründe und Abgründe
der Einsamkeit

Wer allein lebt, muß deswegen noch nicht einsam sein. Der Hauptgrund für die Einsamkeit der meisten, die sie erleben, ist allerdings die Tatsache, daß sie allein leben. Die jungen Leute sind häufig allein, weil sie sich von der Familie innerlich und oft auch äußerlich gelöst, den Partner noch nicht gefunden und die Gruppe nur zeitweise um sich haben. Auch Menschen in Partnerschaften leben zeitweise allein, für länger getrennt oder für dauernd geschieden. Und Menschen, die ihren Partner durch Tod verloren haben, leben häufig wieder allein. Sie alle sind von Einsamkeit bedroht, und doch muß man Alleinsein und Einsamsein unterscheiden.

Alleinsein ist zunächst eine statistische, objektive Tatsache, Einsamsein eine subjektive. Das eine ist zunächst qualitativ zu verstehen, das andere quantitativ. Wenn jemand sagt: »Ich fühle mich so allein«, fühlt er sich in Wirklichkeit einsam.

In letzter Zeit wurde versucht, dem Wort »allein« auch einen höheren qualitativen Sinn zu geben im Sinne der All-Einheit, also des Einsseins mit dem All, mit der Gottheit, mit dem höheren Sinn. Wer Alleinsein so versteht, kann eins sein mit einem größeren Ganzen, in dem er aufgeht und in das er sinnvoll aufgenommen ist. Er kann also eigentlich – jedenfalls im negativen Sinne des Wortes – nicht einsam sein. Wer versucht, auch in der Einsamkeit das Ziel dieser All-Einheit zu verwirklichen, wird uns später beschäftigen. Zunächst verstehen wir das Alleinsein als die quantitative Voraussetzung einer qualitativen Einsamkeit.

Dabei soll wiederum nicht übersehen werden, daß man auch in Beziehungen, Institutionen, Gruppen und selbst in früher intimen Gemeinsamkeiten wie Partnerschaft und Ehe durchaus einsam sein kann. Alleinsein und Einsamsein in der Ehe klingen in einem Gedicht von Erich Kästner an:

> Als sie einander acht Jahre kannten
> (und man darf sagen: sie kannten sich gut),
> kam ihre Liebe plötzlich abhanden.
> Wie andern Leuten ein Stock oder Hut.
>
> Sie waren traurig, betrugen sich heiter,
> versuchten Küsse, als ob nichts sei,
> und sahen sich an und wußten nicht weiter,
> da weinte sie schließlich. Und er stand dabei.
>
> Vom Fenster aus konnte man Schiffen winken.
> Er sagte, es wäre schon viertel nach vier
> und Zeit, irgendwo Kaffee zu trinken.
> Nebenan übte ein Mensch Klavier.
>
> Sie gingen ins kleinste Café am Ort
> und rührten in ihren Tassen.
> Am Abend saßen sie immer noch dort.
> Sie saßen allein, und sie sprachen kein Wort
> und konnten es einfach nicht fassen.

Was die wahre Einsamkeit ausmacht, ist also nicht das quantitative Alleinsein, sondern – eventuell mitten in einem Sozialgebilde – die qualitative Beziehungslosigkeit, die unsichtbare Isolation, die Abkehr, die durchaus noch keine Einkehr sein muß. Die Menschen stehen sich wie fremd und gleichgültig einander gegenüber. Zwischen ihnen gibt es eine Glaswand oder auch unterschwellige Aggressivität, unterdrückten Haß, lähmende Gewöhnung, tötende Langeweile, erdrückende Angst oder wuchernden

Überdruß. Diese Einsamkeit ist eine ganz andere, aktiv bedrückendere als die des »Einsam- und Verlassenseins«.

Fritz Riemann hat sie in einem Beitrag »Flucht vor der Einsamkeit« (in: Einsamkeit, Stuttgart [6]1986, S. 25) so beschrieben: »Niemand spricht mit uns, wir können uns an niemanden wenden; wir empfinden nur Leere um uns, eine hoffnungslos erscheinende schreckliche Leere, und uns erfaßt eine gegenstandslose, unbestimmte Angst, die wir oft so ausdrücken, daß wir sagen: ›Die Decke fällt mir auf den Kopf‹, oder: ›Ich fühle mich von Gott und aller Welt verlassen, mutterseelenallein.‹ Diese Angst kann so quälend werden, daß sie uns irgendwohin unter Menschen treibt oder daß wir zu Betäubungsmitteln greifen; ja sie kann sich so steigern, daß uns nur noch der Selbstmord als einziger Ausweg bleibt.« Ein anderer ist dann doch wieder die Ehe, so unwahrscheinlich das klingt. Kurt Tucholsky hat dieses Dilemma so gefaßt:

> *Ihr meint kein Wort von dem, was ihr sagt.*
> *Ihr wißt nicht, was euch beide plagt.*
> *Was ist der Nagel einer Ehe?*
> *Zu langes Zusammensein und zu große Nähe.*
> *Menschen sind einsam. Suchen den andern.*
> *Prallen zurück, wollen weiter wandern.*
> *Bleiben schließlich... Diese Resignation:*
> *Das ist die Ehe. Wird sie euch monoton?*
> *Zankt euch nicht und versöhnt euch nicht:*
> *Zeigt euch ein Kameradschaftsgesicht.*
> *Und macht das Gesicht für den bösen Streit*
> *lieber, wenn ihr alleine seid.*
> *Gebt Ruhe, ihr Guten! Haltet still.*
> *Jahre binden, auch wenn man nicht will.*
> *Das ist schwer: ein Leben zu zwein.*
> *Nur eins ist noch schwerer: einsam sein.*

In dem erwähnten Band »Einsamkeit« hat Richard Schmid unter dem Titel »Isolation in der Zelle« berichtet, was der Schriftsteller und Musiker Christian Friedrich Daniel Schubart, der auf dem Hohenasperg gefangen saß – ganz in der Nähe des herzoglichen Schlosses Solitude, das eben auch »Einsamkeit« heißt –, in seinen Erinnerungen so eindrucksvoll über seine Gefängnisisolation schreibt: »Jetzt rasselte die Türe hinter mir zu, und ich war allein, in einem grauen düsteren Felsenloche allein. Ich stand und starrte vor Entsetzen, wie einer, den die donnernde Woge verschlang... Hier in dieser Schauergrotte, in diesem Jammergeklüfte sollt' ich dreihundertsiebenundsiebzig Tage verächzen... Als die Betäubung mit ihrem eisernen Arm von mir abfiel, da versank ich in die tiefste, an Verzweiflung grenzende Schwermut. Ich saß ganze Stunden starr und unbeweglich auf meinem Strohbette, betrachtete die öde, schweigende Wand und den eisernen Ring, der dreingemauert war, um mich nach dem Befehle des Fürsten daran zu ketten, wenn ich nur im geringsten was versehen sollte... Für mein freies Gefühl war nichts Schrecklicheres als die Kette... Die Menschen, die mir mein Tränenbrot und das Zisternenwasser brachten, hatten den strengsten Befehl, nicht ein Wort mit mir zu sprechen. Kein Buch, kein Klavier, nicht Tinte, Feder, Bleistift und Papier – und ach! keine Mutter, kein Weib, kein Kind, kein tröstender Freund. Alles war stumm um mich her wie das Grab um einen Toten... Die Langeweile war die erste Geißel, die ich aufs empfindlichste fühlte. Ich zählte nicht mehr die Tage, sondern Stunden und hörte oft Minuten auftreten, so leise wurde mein Gehör für die Zeit... Ich zählte meine Tritte, meine Pulsschläge, alle Spalten und Ritzen im Kerkergewölbe, die Faden an der Matratze, womit ich mich deckte. Ich wiederholte nach dem Alphabet alles, was ich aus verschiedenen Wissenschaften und Künsten wußte; aber dieser Zeitvertreib verleidete mir am ersten, denn alle Wissenschaft ist ohne die Wollust der Mitteilung Qual für die Seele.«

Hier erleben wir die Abgründe der Einsamkeit. Schubart war ein Dichter. Er begann zu schreiben, später hatte er Besuch, einen regen Austausch und sogar lockere, heftige Geselligkeit.

Andere haben in der Zelle die tiefsten Gedanken gehabt und festgehalten. Der Physiker Friedrich Förster sucht die Wurzeln seines kreativen Wirkens in seiner Internierungszeit. Bekannt geworden ist er durch die Förster-Sonde, aber eine Vielzahl anderer physikalischer und technischer Ideen verdanken sich ihm. Dietrich Bonhoeffer schrieb Gedichte in den sechzehn Monaten seiner Verhaftung vor der Hinrichtung, darunter unendlich hoffnungsvolle, die Herzen anrührende wie das allbekannte und doch immer junge: »Von guten Mächten wunderbar geborgen, erwarten wir getrost, was kommen mag.« Auch furchtbare Kreationen sind in der Haft entstanden, so Hilters »Mein Kampf« oder Khomenis Tonbänder, die die iranische Revolution auslösten und die im Pariser Exil gesprochen wurden.

Es würde lohnen, die literarischen Hafterzeugnisse aller Zeiten zusammenzustellen. Sie wären eine Weltliteratur der unfreiwillig Vereinsamten, die in sich gegangen und dann kühn und kontaktstiftend aus sich herausgegangen sind.

Oft sind es die Gefängnisse einer sensiblen Dichterseele – gleich, ob sie sich in den Elfenbeinturm zurückzieht oder mitten in der Gesellschaft isoliert bleibt. Rilke war einer von ihnen, und sein *Malte Laurids Brigge* spiegelt seine ungeheure existentielle Isolation und seine Bedrohtheit, aber auch den geheimen Punkt, an dem das Nichts in die Existenz umschlägt. In seinen Aufzeichnungen heißt es:

»Nur ein Schritt und mein tiefes Elend würde Seligkeit sein. Aber ich kann diesen Schritt nicht tun, ich bin gefallen und kann mich nicht mehr aufheben, weil ich zerbrochen bin.« Darauf folgt dann ein französisches Zitat aus dem Buch Hiob, dessen deutsche Übersetzung am Ende so lauten würde: »Meine Eingeweide sieden und hören nicht auf; mich hat überfallen die elende Zeit... Meine Harfe ist eine Klage geworden und meine Pfeife ein Weinen.«

Aber dann setzt jene Wandlung ein, lichtet sich das Dunkel im Leben und in der Seele Malte Laurids Brigges, über den Rilke selbst im Dezember 1922 schreibt: »Das ist ein leidenschaftlich schmerzvolles Buch, aber es ist nicht negativ; oder, wenn man will, es ist wie die Höhlung einer Gießform, aus der die strahlende Statue einer für immer bejahenden Freude aufsteigen könnte.« Dieses Bildes wegen sei es hier zitiert, denn es trifft gut die krisenhafte Doppelgesichtigkeit jener Einsamkeit: Gießform, Höhlung für die strahlende Statue.

Wer die Leiden der Einsamkeit so zu sehen vermag, wird in der Lage sein, die Höhlung zu füllen, wird die Gnade einer neu geschaffenen Existenz geschenkt bekommen, wird eine Gemeinsamkeit erfahren, die für die leidende Einsamkeit vielfältig entschädigt.

Aber bis dahin ist ein weiter Weg.

Die
gefährliche
Einsamkeit

Der Verlust des Du

Für die meisten Menschen ist Einsamkeit weder gefängnishaft noch der Turm Muzot eines nach innen gewandten Dichters. Sie ist einfach unfaßliche, unverdiente, unbewältigte Verlassenheit. Darum ist sie mit Gefühlen der Ratlosigkeit, der Freudlosigkeit, der Hoffnungslosigkeit verbunden.

Um dies zu veranschaulichen, gebe ich einige Briefwechsel wieder, die ich in den letzten Jahren mit in dieser Weise vereinsamten Menschen führte. Unzählige Unbekannte schreiben an mich – in den letzten fünfzehn Jahren allein 25 000, denen ich auch jeweils persönlich antwortete. Anonym, aber doch mit Angabe von Alter und Geschlecht wage ich einige dieser Briefe hier vorzustellen:

Einsamkeit und Zukunftsangst (21) m.

Ich kann nicht leben, ich weiß nicht, wie ich's machen soll! Besonders jetzt, da meine erste richtige, liebste und allerbeste Freundin sich nach über vier Jahren engster Freundschaft, die ich mir vorstellen kann, entschlossen hat, sich von mir zu trennen, weil sie mit mir nicht mehr leben und glücklich sein kann. Ich kann das irgendwie verstehen, denn wir waren von Anfang an recht gegensätzliche Typen von der Lebenseinstellung her. Ich wollte mich früher sogar umbringen, aber sie hat es geschafft, daß mir das Leben Spaß machte. Wir haben uns in den Jahren natürlich auch verändert, aber wir haben uns immer geliebt. Ganz schlimm wurde es, als wir beide gleichzeitig aus der Schule kamen und sie sofort eine Ausbildung in einer anderen

Stadt begann, so daß sie täglich hin- und herfahren mußte und wesentlich weniger Zeit hatte, während ich ein Jahr für mich allein haben wollte, was mir meine Eltern, bei denen ich noch wohnte, zugestanden. Sie lernte sehr viele neue Leute kennen, weil sie auch ein aufgeschlossener und fröhlicher Mensch ist. Ich dagegen hatte viel zuviel Zeit für mich selbst und zum Nachdenken, und da mein Bekanntenkreis auf vielleicht drei Leute beschränkt ist, kapsle ich mich seitdem total ab. Ich werde nicht mit der Tatsache fertig, daß alle Jugendlichen nach der Schule sofort ausziehen wollen und wissen, wie sie das machen können. Alle sind so entschlossen und anscheinend informiert. So auch bei meiner Freundin. Ich kann nicht unbedingt sagen, daß ich unselbständig bin, aber jetzt merke ich, wie mir meine Freundin bei allen Dingen fehlt. Nichts macht mehr Spaß, ich könnte den ganzen Tag weinen, besonders wenn ich Dinge sehe, die mich an unsere gemeinsame Zeit erinnern. Seit sie weg ist, mache ich überhaupt nichts mehr, ich habe keine Lust, keinen Antrieb, und wenn ich die Sonne sehe, muß ich weinen, und jeder Tag ist grau und gleich. Dazu kommt noch, daß sie jetzt zum ersten Mal mit einem anderen Typ aus ihrem Freundeskreis zusammen ist und sich entschlossen hat, mit ihm die Zukunft zu gestalten. Sie ist für ihn da, wie sie für mich da war, und wenn ich daran denke, daß sie zusammen schlafen, sterbe ich! Sie kennt ihn doch erst kurze Zeit und mich über vier Jahre. Wie kann sie vergessen, was ihr vor kurzem noch so viel bedeutet hat? Ich weiß nicht, ob und wie ich diese Zeit überleben kann, denn ich habe niemanden, der mich tröstet und für mich da ist, gerade jetzt! Ich werde einfach nicht allein fertig, ich halte das nicht aus, ich sterbe!

Sie müssen unbedingt aus diesem Zirkel der Selbstverkleinerung und der Angst heraus! Sie bedauern sich und wollen nicht wahrhaben, daß diese Chance an Ihnen vorübergegangen ist. Aber genau das müssen Sie sich eingestehen, den Blick wegwenden, den Kopf heben und nach neuen Ufern ausschauen. Dazu ist eine aktive Anstrengung erforderlich, und sicher kommt Ihre Befreiung von der Vergangenheit nicht von selbst. Zweifellos kann man sich noch Monate und Jahre mit einem lieben Menschen befassen, der einem verlorenging. Man kann sich aber auch kurz entschlossen mit der Tatsache vertraut machen, alles, was an ihn erinnert, wegschließen, vielleicht sogar die Fotos zerreißen und von ihm Abschied nehmen. Genau das würde ich tun, mir neue Ziele setzen, neue Bekannte suchen und das Leben von einer ganz anderen Seite sehen. Jeder denkt zuerst, es geht nicht, und wenn man sich dazu entschließt, geht es auf einmal doch!

Keine Lebensfreude mehr (16) m.

Mein Problem ist, daß ich in vielen Situationen kein Selbstbewußtsein, starke Hemmungen und zum Teil große Angst habe. Hinzu kommt, daß ich mich in vielen Situationen nicht entscheiden kann und den Rat anderer brauche. Wenn ich mich dann nach anderer Meinung entschieden habe, rege ich mich auf, weil ich denke, die Konsequenzen für mich wären günstiger gewesen, hätte ich die Entscheidung allein getroffen. Danach bekomme ich dann immer starke Depressionen und muß mich meist hinlegen. Auch bin ich sehr unsicher, nervös und verkrampft höhergestellten Personen gegenüber. Dazu kommt noch, daß ich es allen Leuten recht machen will und dabei viel zu oft meine eigenen Wünsche und Probleme übersehe. Ich habe auch starke Angst vor dem Gerede der Leute. All meine Versuche, dagegen anzukommen, waren umsonst. Mit meinen

Eltern kann ich darüber überhaupt nicht reden, die ziehen alles ins Lächerliche. Vor allen Dingen weiß ich nichts mit meiner Freizeit anzufangen, denn meine Freunde wohnen alle in anderen Dörfern, und wir haben so selten die Möglichkeit, uns zu treffen. Dadurch entstand bei mir eine große Interesselosigkeit. Manchmal kommt es soweit, daß ich in nichts mehr einen Sinn sehe und mich am liebsten umbringen würde. Da ich aber ein sehr religiöser Katholik bin, habe ich mir die letzte Kraft aus dem Glauben geholt. Am nächsten Tag habe ich dann aber wieder starke Depressionen, und alles fängt von vorne an. Ich bin auch körperlich nicht sehr stark, weshalb ich manche Komplexe habe. Manchmal glaube ich, ich habe meine Identität verloren. Sollte ich mich vielleicht mit einem Psychiater in Verbindung setzen, oder sehe ich alles viel zu eng?

Sie sind, wie Sie sind, und müssen sich wohl so akzeptieren. Es hat keinen Zweck, aus einem nachdenklichen Gefühlsmenschen einen unbedenklichen Aktivisten und Macher werden lassen zu wollen. Wichtig ist, daß Sie sich nicht von anderen abhängig machen und nicht zu sehr und ausschließlich in sich hineinschauen, sondern eben auch hinaus. Vielleicht können Sie sich eine wirkliche Liebhaberei, ein Hobby also, leisten und Ihre ganze Liebe und Aufmerksamkeit zunächst einmal darauf richten. Wenn Sie es darin zu Meisterschaft und Kunst bringen, gibt Ihnen dies auch Selbstgefühl und macht Sie von anderen unabhängig. Auch eine gute Freundschaftsbeziehung, in der der Partner (oder die Partnerin) auf Sie Wert legt und Sie um Ihrer selbst willen mag, kann hier helfen. Sie sind jetzt in einer Krise, aber Sie können auch durch eigene Anstrengung herauskommen. Zumindest sollten Sie es versuchen und erst, wenn es wirklich nicht gelingt, zu einem Psychotherapeuten gehen.

Nach sechzehn Jahren allein (44) w.

Vor etwa eineinhalb Jahren starb mein Mann an einem Herzinfarkt, und damit wurde meine ganze Welt zerstört. Wir hatten sehr glückliche gemeinsame Jahre, wenn es auch geschäftlich oft nicht rosig aussah. Mein Mann war ein wunderbarer Mensch, er gab mir nicht nur Liebe, sondern auch immer wieder Kraft und Ausgeglichenheit, vielleicht bedingt durch unseren großen Altersunterschied, denn er war 27 Jahre älter als ich. Bis zum letzten Augenblick bekam ich Herzklopfen, wenn er nach Hause kam, fühlte mich verloren, wenn er nicht bei mir war. Dadurch lebe ich jetzt in einer Einsamkeit, die ich nicht mehr ertragen kann. Es ist nicht nur der Verlust des geliebten Menschen, sondern es sind auch die ganzen Folgeerscheinungen: Man hat niemanden mehr, den es interessiert, wie es einem geht; die Probleme, über die man nicht mehr sprechen kann, werden riesengroß. Ich bin jetzt total verunsichert, völlig ohne Auftrieb und ohne jegliche Entscheidungskraft. Hinzu kommt das Unverständnis anderer Menschen, das sogar häufig in Spott ausartet. Ich spreche jetzt nur noch mit dem Bild und dem Grab meines Mannes über mich, rufe auch privat seit Monaten niemanden mehr an. Ich fühle mich, als ob ich 80 Jahre alt wäre. Sie würden mir wohl raten, einem Verein beizutreten, aber ich arbeite rund zwölf Stunden täglich, sieben Tage in der Woche, um alle fixen Kosten decken zu können. Mir fehlt einfach die Zeit. Ich habe auch schon versucht, Kontakt mit anderen Witwen aufzunehmen, aber die sind alle wesentlich älter, müssen selbstverständlich nicht arbeiten und können deshalb auch meine zusätzlichen Probleme nicht verstehen. Ich hoffe, ich bin Ihnen nicht zu sehr auf die Nerven gefallen, und danke Ihnen für Ihre Geduld.

Und ich danke Ihnen, daß Sie in Ihrer Situation die Initiative ergriffen und diesen Brief geschrieben haben. Ich meine, das könnte in Ihrer Trauer ein erster Schritt sein, ins Leben zurückzufinden. Es geht mehr Menschen so, als Sie vielleicht ahnen, die einen anderen verlieren – nicht nur durch Tod – und darüber nicht hinwegkommen. Wirkliche Trauer vertieft uns und macht uns wesentlicher. Aber damit ist Ihnen jetzt nicht geholfen. Sie deuten es schon an: Sie müssen wirklich unter Menschen, und da Sie in einer Großstadt leben, finden Sie dort auch Angebote. Schreiben Sie einmal alle Menschen auf, die Sie kennen und zu denen Sie jetzt Kontakt haben möchten. Dann laden Sie den einen oder anderen – nicht zu viele gleichzeitig – ein oder verabreden sich zu einem Theater- oder Konzertbesuch, zu einer Ausstellung oder zum Essen. Sagen Sie auf keinen Fall: Der Beruf läßt mir keine Zeit. Diese Zeit müssen Sie haben, wenn Sie wieder Freude am Leben gewinnen wollen, und ohne Freude und Hoffnung kann man auf die Dauer nicht leben. Die Suche eines männlichen Partners ist vielleicht jetzt noch verfrüht, weil anstrengend und, bis man den richtigen gefunden hat, von immer neuen Enttäuschungen begleitet. Jetzt heißt es einfach, dem Leben schöne Seiten abgewinnen und sich nicht vergraben. Das wäre auch sicher nicht im Sinne Ihres Mannes. Wenn Sie mögen, schreiben Sie mir wieder. Ich hoffe, dies war nur ein erster Schritt, dem weitere folgen.

Keine Liebe (28) m.

Ich finde einfach keine Freundin! Bisher hatte ich erst zwei kurze Freundschaften mit Mädchen, die ich eigentlich nicht richtig geliebt habe. Das Gefühl, richtig verliebt zu sein, kenne ich überhaupt nicht, obwohl ich mich gerade danach wirklich sehne. Gibt es eine Erklärung dafür, daß ich mich nicht richtig verlieben kann? Mädchen lerne ich zwar immer wieder kennen, aber nie ist die »Richtige« dabei, und ich werde schon wegen meines Alters allmählich unruhig! Langsam fühle ich mich schon als Versager, wenn ich all die vielen Pärchen so händchenhaltend in der Stadt sehe. Sicher bin ich keine »Schönheit« oder ein richtiger »Frauenaufreißer«, aber trotzdem möchte ich jetzt unbedingt mein Glück finden. Nur: Was machen, wenn es sich nicht finden läßt? In den Diskotheken sind die Mädchen meist zu jung, an meinem Arbeitsplatz schon alle verheiratet, obwohl teilweise wesentlich jünger als ich. Auf meine Anzeigen erhalte ich kaum Resonanz, und was bleibt, ist nur der ganz große »Frust« und das Fehlen von menschlicher Liebe und Nähe. Manchmal denke ich auch, ich bin wohl kein Frauentyp, weil sich keine für mich richtig interessiert. Trotzdem möchte ich aber nicht mein ganzes Leben allein leben müssen.

Nur keine Torschlußpanik! Sie sind eben anspruchsvoller, und dann braucht es seine Zeit, bis man den richtigen Partner findet. Wer sich jünger bindet, stolpert allzu leicht in ein riskantes Abenteuer oder nimmt aus Gründen der sexuellen Faszination auch mit der Falschen vorlieb. Dies wollen Sie ja nicht. Was die Anzeigen angeht, vermute ich allerdings, daß es an ihrer Formulierung liegen könte, wenn Sie wenig Resonanz haben, oder vielleicht an den Zeitungen, in denen Sie inserieren. Vielleicht überprüfen Sie das noch einmal und versuchen es erneut. Viel Erfolg dabei!

Mit Heiratsinseraten bedient (35) w.

Nach gescheiterter Ehe lernte ich vor etwa fünf Jahren einen netten Mann kennen. Nach knapp vier Monaten zogen wir in unsere gemeinsame Wohnung. Ungefähr nach einem Jahr hat er mich wegen einer anderen Frau verlassen. Wieder ein halbes Jahr später kam er zu mir zurück, was ich heute sehr bereue, denn nunmehr nach vier Jahren gemeinsamen Wohnens erklärt er mir, er habe für mich noch nie ein Gefühl gehabt. Ich muß dazu sagen, daß diese Streiterei sich schon ein Jahr hinzieht. Seither haben wir auch getrennte Schlafzimmer. Von meiner Seite aus sehe ich es so: Nun braucht er mich nicht mehr, jetzt sucht er die Traumfrau. Zu mir kam er, als er am Boden war: seelisch, menschlich und finanziell. Er lebt für sich und sieht mich überhaupt nicht mehr. Seinetwegen beging ich vor einem halben Jahr einen Selbstmordversuch, wurde aber noch rechtzeitig von meinen heute 15- und 16jährigen Töchtern gefunden. Ich habe keinen Lebensmut mehr. Auf dem Lande ist es sowieso schwer, neue Menschen kennenzulernen, und von Heiratsinseraten bin ich nach diesem Fall voll und ganz bedient.

Reisende soll man nicht halten, und wer kein Gefühl für Sie hat, verdient auch keines von Ihnen. Hier muß man ganz klar und energisch einen Strich ziehen. Und wenn Sie keine Heiratsinserate wollen, können Sie sich immer noch selbst umsehen in Gruppen und Vereinen, in denen auch Männer sind. Oder Sie können sich an ein Vermittlungsinstitut wenden. Noch wichtiger ist aber, daß Sie nicht unbedingt auf einen Partner angewiesen sind, sondern notfalls auch allein leben können. Erst dann sind Sie auch für einen Partner akzeptabel. Und dann finden Sie übrigens auch leichter einen, nach meiner Erfahrung.

Einsamkeit (27) w.

Meinen Beruf als Krankengymnastin übe ich nur noch stundenweise aus. Der Grund hierfür liegt darin, daß ich vor etwa einem Jahr meine Arbeitsstelle gekündigt habe. Ich tat dies aus Verzweiflung, weil ich zu meinen Arbeitskolleginnen so gut wie keinen Kontakt hatte. Das Verhältnis zu meinen jetzigen Kolleginnen ist vielleicht etwas besser, es hat aber keine Auswirkungen auf meine Freizeit. Diese sieht folgendermaßen aus: Seit etwa drei Jahren spiele ich Gitarre, und seit eineinhalb Jahren spiele ich in einer Gruppe. So bin ich manches Wochenende (leider nicht jedes) mit den Leuten zusammen. Es sind Studenten, sechs bis sieben Jahre jünger als ich. In den Semesterferien ist oft nichts, bis zur gemeinsamen Urlaubsplanung geht es nicht. Seit Jahresbeginn gibt es ein Zupforchester am Ort. Auch da versuche ich nun hineinzukommen.

Sie tun doch schon viel, und wenn Sie darüber hinaus nun auch noch Leute, die Sie nett finden, einmal einladen oder einen Vorschlag machen, mit Ihnen auszugehen oder auszufahren, werden Sie noch mehr Kontakte haben als jetzt. Nur nicht den Fehler machen, auf die anderen zu warten, ob die einen einladen oder auf einen zugehen – selbst aktiv werden und die Initiative ergreifen! Dann wird man auch bald nicht mehr allein sein.

Monotonie (16) w.

Ich habe lange überlegt und bin zu der Überzeugung gekommen, daß mein Leben jeden Sinn verloren hat. Ich komme mir so unnütz vor. Das einzige, was mir bis jetzt noch am Leben gefallen hat, war mein Freund. Ich liebte ihn sehr, doch er war einfach noch zu jung für eine festere Bindung, was ich verstand; ich ließ ihn deshalb gehen, ohne ihm eine Szene zu machen. Ich war schon sehr früh mit Männern zusammen und fühlte mich ihm gegenüber auch reifer. Er war sechzehn und im Gegensatz zu mir noch ganz anders eingestellt. Auf jeden Fall weiß ich nicht mehr weiter. Wie soll ich mich mein ganzes Leben lang beschäftigen? Mit meinem Hobby komme ich auch nicht weiter, denn dafür fehlen mir die richtigen Leute, die mich unterbringen könnten. Ich liebe Lyrik und schreibe selber. Doch ich weiß auch da nicht, wohin ich mich wenden könnte. Wenn Sie eine Möglichkeit sehen, dann bitte ich Sie von Herzen, mir aus meiner Monotonie herauszuhelfen.

Daß Sie diese Monotonie so bewußt erleben, ist – Sie werden es nicht glauben – ein gutes Zeichen. Ein Zeichen nämlich dafür, daß Sie nicht gedankenlos in den Tag hineinleben, sondern einen Sinn für Ihr Leben suchen und eine Aufgabe, einen Inhalt brauchen. Sie haben einen sehr schönen Ansatz, wenn Sie Lyrik lieben und sogar selber schreiben (was mein Hobby übrigens auch ist). Wenn Sie mögen, schaue ich mir gern Ihre Gedichte einmal an und schreibe Ihnen dazu. Damit allein – wenn Sie nicht eine sehr begabte Dichterin sind – können Sie aber die innere Leere noch nicht bekämpfen. Sie brauchen etwas, wo Sie gebraucht werden, und das möchte man im Grunde jedem Menschen wünschen. Haben Sie einerseits Geduld, denn das Leben wird Ihnen manches vor die Füße legen. Schauen Sie sich andererseits aber selbst um und engagieren sie sich da, wo es Ihnen gut und wertvoll erscheint und wo gerade Sie mit Ihren Fähigkeiten gebraucht werden. Übereilen Sie nichts, aber wenn Sie das Gefühl haben, hier müßten Sie helfen und sich einsetzen, dann tun Sie es auch mit aller Kraft. Und nochmals: Haben Sie Geduld mit sich.

Es gehört zu Ihrer Altersphase, daß Sie sich neu orientieren, die Kindheit endgültig abstreifen und dann Ihre eigentliche Bestimmung finden. Ich zweifle nicht, daß es Ihnen gelingen wird.

Alles wird umgeworfen (40) w.

Mein früherer Beruf als Kontoristin befriedigt mich genausowenig wie mein jahrelanges Hausfrauendasein. Noch weniger befriedigt mich meine Ehe. Ich habe meinen Mann nie geliebt. Seit ca. fünf Jahren experimentiere ich mit Psychotherapie. Habe schon fast alle Möglichkeiten ausprobiert, nichts zu Ende gemacht. Deshalb ein stationärer Klinikaufenthalt in der Psychotherapeutischen Klinik in Stuttgart-Sonnenberg von März bis August dieses Jahres. Da hielt ich durch und plane, jetzt in eine Gruppe einzutreten.

Unter Qualen hatte ich erreicht, daß mein Mann vor drei Jahren auszog. Wir hielten leider keine konsequente Trennung, und jetzt hat er sich wieder eingenistet, als ich in der Klinik war.

Dies mein jetziger Zustand. Ich habe mit den Schwierigkeiten zu kämpfen, mich hier wieder einzugewöhnen. Meine Kinder sind noch selbständiger geworden, noch aufmüpfiger. Das bißchen Hausarbeit, das ich vor der Klinik noch leistete, verliert vollends seinen Wert. Die Kinder kommen selten noch zum Mittagessen heim, und meine Vorstellung von Ordnung und Sauberkeit in der Wohnung stößt ständig auf Widerstand.

Im Moment befinde ich mich in einem trotzigen Streikzustand. Ich kochte und putzte tagelang nicht mehr. Aber ich leide sehr darunter. Nebenher suche ich Arbeit. Bin durch eine Absage tief enttäuscht worden. Merke, wie ge-

ring meine Chancen sind, da ich in den letzten Jahren zwar immer mal wieder gearbeitet habe, aber darüber nichts vorweisen kann. Außerdem stehe ich nicht voll hinter den Bewerbungen, weil ich mich ja vor der Büroarbeit fürchte.

Mein Brief wird ein rechtes Gejammer. Ich fühle mich aber auch scheußlich. Wie gelähmt, gebunden, unfähig.

Jetzt habe ich mich gerade festgelesen in Ihrem Buch bei der Umkehr-Methode. Ein Problem ganz anders anpakken, wenn die gewohnten Bemühungen nicht zum Ziel führen. Das wäre in meinem Eheproblem, was?«

Jetzt bin ich wieder wütend auf Sie! Theorie, Theorie! Sie haben gut reden! Hatten Sie vielleicht so eine verkorkste Kindheit wie ich?

Nein, das haben Sie nicht! Sie sind ein Erfolgsmensch, dem zwar auch nichts in den Schoß fällt, aber der doch einiges an Elementarem mitbekam in der Kindheit. Ich aber gehöre zu denen, die keine Geborgenheit erfuhren...

Sie schreiben: So ist es sicher schwerer, zur Selbstbejahung zu kommen, aber nicht unmöglich. – »Sicher schwerer.« Wie das klingt! – Es ist ein Vorhaben, das fast über die Kräfte geht, glauben Sie mir. Wenn ich nicht so feige wäre, würde ich mich umbringen. – Äußerste Anstrengung und viele Schmerzen, Verzweiflung und Wahnsinnsnähe...

Mein Buch hat Ihnen also zugesagt und Sie gleichzeitig geärgert. Daß Sie mir schreiben, bedeutet doch wohl, daß Sie noch mehr Hilfe von mir erwarten. Sie haben zwar recht: Ich hatte eine schöne Kindheit, aber Sie können mir glauben, ich habe auch viele Rückschläge und Mißerfolge erlebt und in meinem Leben auch viel zu leiden gehabt. Aber davon ist hier nicht zu reden. Ihre Frage ist ja: Wie wird man damit fertig und kommt dennoch zu einem sinnvollen Neuanfang und zu einer Stärke und Selbständigkeit, die einen das Leben aushalten läßt?

Ich meine wirklich, daß Sie es einmal anders versuchen sollten, als bei Ihrer Kindheit oder der Umwelt Ihr Glück einzuklagen. Streichen Sie alles, was war, so schlimm es auch gewesen sein mag, in Ihrer Vorstellung aus, machen Sie sich vielleicht sogar klar, was in dem allem Gutes gesteckt haben mag. Ich kann es ja nicht wissen, aber irgendwas werden Sie finden, wenn Sie wirklich danach suchen. Richten Sie sich auf das, was Sie jetzt in Ihrer Umwelt an Positivem erblicken und was Sie, wenn Sie aufmerksam sind, auch an Schönem um sich herum und in sich wahrnehmen können, aber wirklich hingebend und aufmerksam, zum Beispiel eine Blume anschauen, einen Schluck Wein kosten, sich in eine Farbe vertiefen, ein gutes Buch auf sich wirken lassen, sich Zeit für ein Bild nehmen und ein zweckfreies, einfach nur schönes und erfreuliches Gespräch mit einem Menschen führen, der einem etwas bedeutet. Um Sinn in Ihrem Leben zu finden, brauchen Sie nicht gleich alle Probleme zu lösen und die ganz große Perspektive zu haben. Es genügt oft, kleine Dinge als Wert zu erleben und sich von ihnen beglücken und bereichern zu lassen, Liebe in sie zu »investieren«, um dann auch die Liebe zu empfangen, die von ihnen zurückkommt, von Menschen sowieso, aber seltsamerweise auch aus der Natur oder sogar von Dingen, die plötzlich liebenswert und gut zu uns zu sein scheinen. Aber dazu müssen wir ihnen entsprechend begegnen.

Es ist überhaupt ein praktikables Rezept, das, was man vermißt, einfach zu erbringen. Es ersetzt einem das Fehlende und ist eigentlich noch wertvoller, weil Aktivsein und Geben Kräfte fordert und trainiert, also auch erhält und steigert, und Passivsein und Nehmen uns allzu leicht verwöhnt und bequem macht.

Lassen Sie sich keine Krankheit einreden, sondern gehen Sie einfach von der Hypothese oder wenigstens von jenem

Rest gesunden Erlebens aus, den Sie auch in sich noch entdecken werden, und machen Sie aus dem Rest einen Kern. Dann ist es nicht nur etwas Negatives und erinnert an das Fehlende, sondern es ist etwas Positives, auf dem man aufbauen und das man wachsen lassen kann. Im übrigen kann einen niemand heilen, wenn man nicht selbst gesund werden will, beziehungsweise der Kranke heilt sich selbst, und der Therapeut kann ihm allenfalls Richtung und Weg dazu aufzeigen.

In Ihrem Brief ist soviel Klage, Herausforderung und Bitte enthalten, andere möchten Ihnen helfen und sozusagen wiedergutmachen, was Ihnen früher widerfahren sein mag. Dieses wird nicht geschehen können. Sie müssen und können es selbst, aber nur indem Sie alles Überflüssige und Sinnlose aufgeben, was sich schon als ergebnislos erwiesen hat. Damit meine ich vor allem diese einklagende und anklagende Einstellung. Stellen Sie sich vor, Sie haben ein materielles Vermögen verloren oder sind aus Ihrer Heimat vertrieben worden, so wird es Ihnen vielleicht leichter, den Verlust zu akzeptieren. Nicht anders ist es bei seelischen Defiziten und Leiden auch. Wir müssen durch diesen Flaschenhals hindurch, um dahinter eine neue Freiheit zu verspüren, die dann auch mit seelischer Gesundheit einhergeht. Ich wünsche es Ihnen und würde mich freuen, später wieder einmal von Ihnen zu hören. Haben Sie Verständnis dafür, daß ich diesen Weg der Antwort auf Ihren Brief gewählt habe, zumal er mich auf Reisen erreichte und auch unterwegs beantwortet wurde.

Soweit die Briefe.

Meistens geraten Menschen in den Strudel unerträglicher, depressiver Einsamkeit, wenn sie – etwa durch Verlust eines nahestehenden Menschen – vor den Ruinen ihrer Hoffnungen stehen. Sind es nicht oft erst die Ruinen, die den Blick zum Himmel hinauf freigeben? Die Frage nach dem Sinn des Lebens nach einem Verlust und das Ringen eines tieferen Verständnisses für die eigene Lage stellen sich oft erst dann ein, wenn wir unter jenem kleinen Stück Himmel stehen, das durch die Ruinen unseres scheinbar nicht mehr vollständigen Lebens schimmert. Erst der Verlust eines lieben und nahestehenden Menschen macht uns klar, wie oberflächlich wir mit dem bisherigen Glück, das uns zuteil wurde, umgegangen sind. So geschieht es leicht, daß unser Leben nach dem Verlust völlig aus der Bahn geworfen wird und wir nicht selten in eine Krise geraten. Aktivität erscheint sinnlos, das Leben verliert seine Farbe und Leuchtkraft, wir fühlen uns leergebrannt, krank und hoffnungslos.

Die Nachricht vom Absturz der Privatmaschine ihres Mannes, bei dem niemand überlebte, erreichte Marlies bei ihrer wöchentlichen Tennisstunde. Sie saß mit Bekannten in dem feudal eingerichteten Clubhaus an der Bar, um gerade einen erfrischenden Drink zu sich zu nehmen, als sie ans Telefon gerufen wurde. Die Stimme der Sekretärin ihres Mannes, die ihr die schreckliche Nachricht überbringen mußte, schwankte. Marlies blieb ganz ruhig, sagte fast nichts. Haltung bewahren, niemals das Gesicht verlieren, das hatten bereits ihre Eltern ihr stets eingeschärft.

Wie eine Marionette legte Marlies den Hörer auf und ging zur Bar zurück. Ganz ruhig, mit versteinertem Ausdruck im Gesicht, teilte sie ihren Bekannten die schreckliche Nachricht mit, die sofort in ihren Gesprächen verstummten. Wie gelähmt fuhr sie nach Hause. Das Angebot einer Freundin, sie zu begleiten, lehnte Marlies dankend ab. Wie sie nach Hause kam, was sie dachte, fühlte, weiß sie nicht mehr zu sagen. Tausend Gedanken gingen ihr durch den Kopf. Seit zehn Jahren war sie mit Hubert verheiratet, der Chef einer großen Firma war, die er von seinem Vater geerbt hatte. Zwei Kinder hatten sie, beide noch klein. Nicht nur der Mann war ihr genommen, auch der Vater ihrer Kinder. Wieviel Freude hatte er mit ihnen in seiner knapp bemessenen Zeit gehabt. »Mein Gott, was wird nun?« dachte Marlies. »Wie soll ich es den Kindern sagen? Und was wird aus der Firma?« Jochen, der älteste, hätte sie einmal übernehmen sollen. Sie hatte sich niemals um geschäftliche Dinge gekümmert. Alles hatte Hubert ihr abgenommen. Alle wichtigen Entscheidungen hatte er allein getroffen. Und was die Familie anging, immer hatte Marlies Hubert um Rat fragen können, wenn sie – etwa wegen der Kinder – nicht allein die Verantwortung übernehmen wollte. Was sollte nun geschehen?

Am Tiefpunkt ihrer Krise angelangt, begriff Marlies, daß sie selber Einblick in die geschäftlichen Dinge ihres Mannes nehmen mußte. Zunächst etwas unsicher, aber dann doch voller Stolz setzte sie sich an den Schreibtisch ihres Mannes, ließ sich von seinem Buchhalter die Bücher zeigen und erklären. Jeden Tag kam sie für einige Stunden ins Büro, unterschrieb – dank der Vollmacht, die sie besaß – Briefe, studierte eingehend mit dem Prokuristen die Aufträge und erledigte schon bald selbständig die Post. Nein, die Firma durfte nicht in fremde Hände übergehen. Das hätte Hubert nicht gewollt. Es war sein Lebenswerk. Heute ist sie fast perfekt als Managerin und Chef. Die Angestellten haben große Achtung vor ihr.

Durch den Tod ihres Mannes ist Marlies reifer geworden. Sie hat gelernt, sich zu behaupten, und steht fest im Leben. Aber was wohl noch wichtiger ist: Sie hat ihrem Leben einen Sinn gegeben. Der Tag hat heute oft zwanzig Stunden, denn die Kinder sollen ebenfalls nicht vernachlässigt werden. Trotzdem – oder gerade deshalb – ist das Leben wieder lebenswert für sie geworden.

Das Bedürfnis, nach dem eigentlichen Sinn des Lebens zu suchen, ist in jedem Menschen tief verwurzelt. Das menschliche Dasein folgt dem Prinzip der wiederholten Impulse erneuter Aktivitäten, strebender Emotionen bis hin zur Vollendung der Ganzheit. Deshalb kann das Leben trotz Verlusten wieder glücklich werden. Wir müssen unser ganzes Leben lernen, an das Leben zu glauben und alles auf eine Karte zu setzen, gegen das Nein im Leben ein neues, uneingeschränktes Ja zu gewinnen, jedes Minus in ein Plus umzuwandeln. Nur wer sich dafür entscheiden kann, wird alles Weniger zu einem Mehr bringen, jede Einschränkung wird für ihn zur Bereicherung werden, ja sogar Sterben zu einem Gewinn.

Zugegeben, das ist oft leichter gesagt als getan. Nicht jeder kann nach dem Verlust eines geliebten Menschen sofort damit beginnen, sich ein eigenständiges, neues Leben aufzubauen. Zunächst einmal sollte jeder, wenn ihm danach ist, seinen Gefühlen freien Lauf lassen. Viele Menschen werden geradezu von Weinkrämpfen geschüttelt, bis sie schließlich leer und ausgebrannt sind, aber dennoch irgendwie erlöst.

Weinen gehört ebenso zum Leben wie Lachen und Frohsinn. Ein echtes Sich-von-der-Seele-Weinen ist keinesfalls gleichzusetzen mit trotzigem Losheulen, das manche als Druckmittel verwenden, um etwas durchzusetzen. Es bedeutet viel mehr und kann in schwierigen Situationen eine wahre Hilfe sein. Es läßt uns klare, neue Gedanken fassen. Dieser Tränen braucht sich niemand zu schämen. Sie helfen letztlich, das Beste aus der jetzt neuen Einsamkeit zu machen, die unzählige Menschen nach dem Verlust des Partners empfinden. Aus dieser Einsamkeit entspringen Angst, Hoffnungslosigkeit und Verzweiflung. Dadurch wird das Leiden schlimmer, und nicht wenige geraten in die Isolation.

In dieser Situation gilt es, sich darüber klarzuwerden, daß wir uns mit diesem Zustand abfinden und mit ihm leben müssen. Was richtet einen Menschen auf, der sich allein und verlassen fühlt, zu dem noch der seelische Schmerz und die Einsamkeit kommen?

Nicht jeder Mensch ist in der Lage, sei es gesundheitlich oder finanziell, sein Leben nach eigenen Wünschen zu gestalten. Aber wir sollten immer daran denken: Nicht nur Zeit heilt Wunden, sondern auch Beschäftigungen und Aufgaben.

Da ist die zweiundsiebzig Jahre alte Erna: Vor drei Jahren starb ihr Mann. Die einzige Tochter wohnt weit entfernt. Erna will nicht zu ihr ziehen, denn in ihrem Ort hat sie Bekannte und Freunde, die sie nicht missen möchte. Der kleine Haushalt ist schnell versorgt. Die Nachmittage und vor allem die Abende, die sie mit ihrem Albert gemeinsam verbracht hatte, fehlen ihr sehr. Doch dann kam ihr eine Idee. Sie kennt eine junge Frau, die gern wieder in ihrem alten Beruf tätig wäre. Dies war jedoch nicht möglich, weil sie ein zweijähriges Kind zu betreuen hatte. Erna nahm sich dieses Problems an und betreut jetzt nicht nur dieses kleine Mädchen, sondern sie springt auch noch nachmittags oder abends bei anderen Leuten als Babysitter ein.

Dieses Beispiel zeigt einmal mehr, daß einsame Menschen durchaus nicht unter sich bleiben müssen. Aber hier soll nicht nur von Frauen berichtet werden, die einsam sind.

Natürlich sind auch Männer davon betroffen. Wie mag es Männern – gerade den Älteren von uns – ergehen, die sich in der Hausarbeit schwer zurechtfinden, weil sie sie nicht gewohnt waren, und die ein Leben lang von ihrer Partnerin oft wie von einer Mutter umsorgt wurden?

Vor gut einem Jahr verlor Anton seine Frau. Die ersten Wochen wurde er von seiner Tochter und seiner Schwiegertochter versorgt. Er pendelte also zwischen den beiden

Familien hin und her, denn seine Wohnung wollte er nicht aufgeben, obwohl alle im gleichen Ort wohnten. Anton war es gewohnt, sein Mittagsschläfchen zu halten und abends zeitig schlafen zu gehen. Dieses war ihm aber – schon allein wegen des Lärms der Kinder – nicht möglich. Die Hin- und Herfahrerei empfand er bald als lästig. Essen auf Rädern kam für ihn nicht in Frage. Auf Fertiggerichte konnte er sich nicht mehr umstellen. Also stellte Anton sich selbst an den Herd, weil er selbständig und von niemandem abhängig sein wollte. Tatsächlich bereitete es ihm nach kurzer Übung einige Freude, seine Mahlzeiten selbst zuzubereiten. Einige Zeit später gab er auch seine Wäsche nicht mehr ab, sondern half sich selbst. Ohne es recht zu bemerken, entwickelte er sich zum perfekten »Hausmann«.

Nun mag man hier einwenden, daß diese Tätigkeit nichts »Besonderes« sei, Hausfrauen tun dies tagein, tagaus. Jedoch etwas Neues zu entdecken und zu beginnen, und sei es auch etwas ganz »Normales«, kann bereits aus der Einsamkeit befreien und zur Selbständigkeit und zum Selbstvertrauen verhelfen.

Ein anderes Beispiel zeigt uns, daß es nicht unbedingt artfremde Aufgaben sein müssen, die einem einsamen Mann über den Verlust seiner Partnerin hinweghelfen können.

Karl ist ein sechsundsechzigjähriger Pensionär. Bis vor ein paar Jahren hatte er beim Finanzamt gearbeitet. Eine Nachbarin, die wie Karl allein lebt, kümmert sich um den Witwer, hält die Wohnung in Ordnung und kocht ihm das Essen. So hat Karl Zeit, sich bei seinen Bekannten und im nahegelegenen Seniorenheim um den »Papierkrieg« zu kümmern. Er begleitet die alten Menschen aufs Amt, füllt mit ihnen Fragebögen aus, nimmt ihnen die Unsicherheit vor Behörden, indem er ihnen bei Telefonaten behilflich ist. Nicht zuletzt hilft er damit auch sich selbst. So bleibt er körperlich und geistig vital.

Der Verlust des Du ist schwer, aber irgendwann überwindbar. Viel schlimmer wirkt es sich aus, wenn das eigene Ich verloren oder verfehlt wird.

Die Verfehlung des Ich

Auch wenn es zunächst überraschend klingt: Der Einsame erleidet nicht nur den Verlust des Du oder sucht die Trennung von ihm, er steht vor allem in der Gefahr, sein Ich zu verfehlen. Auf diesen unerwarteten Zusammenhang weist Hermann Schreiber hin in seinem Buch »Allein leben«: »Es geht im Alleinsein um das Ich. Und wenn das so einfach zu begreifen wäre, wie es klingt, dann würden weniger Singles ihre Befindlichkeit bloß wie eine in Mode gekommene Freizeitbeschäftigung beschreiben, wie ein Schnippchen, das sie dem anderen Geschlecht geschlagen haben. Solche Singles aber fliehen in Wahrheit gar nicht den Partner, sie fliehen sich selber« (S. 224).

Zweierbeziehungen scheitern häufig an der Unvollständigkeit der Person, deren Ergänzung sie im andern sucht. Damit wird der andere überfordert. Die Beziehung zerbricht, und der Suchende steht wieder allein und merkt nicht, daß er im Grunde sich selbst, seine innere Ergänzung, seine Vollständigkeit sucht. Diese, wenn auch unfreiwillige, Einsamkeit wäre die Chance, sich selbst zu finden. Aber sie enthält zugleich die Gefahr, sich zu verlieren und neu zu verfehlen. »Wir fürchten uns vor dem Neuen«, schreibt Mel Krantzler in seinem Buch »Der Weg aus dem Scheidungsschock«: »Ein Teil von uns möchte nicht allein sein, und so klammern wir uns verzweifelt an die alte Identität, die wir im Brennofen des Zusammenseins ausgeformt haben. Wir konstruieren alle möglichen Gründe, um Verhaltens- und Gefühlsänderungen, die durch das Alleinleben hervorgebracht werden, zu verleugnen oder zu verharmlosen. Dabei sind sie die ersten Anzeichen für eine Weiterentwicklung.«

Das Verhältnis zwischen der Autonomie der Person, dem in sich ruhenden Gleichgewicht des einzelnen Menschen, der vor sich und vor Gott allein dasteht und bestehen soll, und seiner Ergänzungsbedürftigkeit und damit seiner Stellung zu Partner oder Partnerin ist das heikelste Balanceproblem, das dem Menschen überhaupt gestellt ist. Es verbirgt sich bereits in dem entscheidenden Satz der Schöpfungsgeschichte: »Gott schuf den Menschen sich zum Bilde, zum Bilde Gottes schuf er ihn, und schuf sie als Mann und Weib« (Genesis 1,27). Unmerklich wechselt innerhalb des gleichen Satzes der Text von der Einzahl zur Mehrzahl, wenn er den Menschen meint: Erst heißt es »Gott schuf ihn«, und drei Worte weiter heißt es schon *sie*, also beide, Mann und Frau. Aus dieser Dialektik, die nicht weiter erklärt, begründet und schon gar nicht gelöst wird, findet der Mensch offenbar sein ganzes Leben nicht heraus. Löst er sich oder wird er herausgelöst, ist er unvollständig, fühlt sich einsam und sucht weiter. Wird er eingebunden, kommen die Probleme der Bindung und Du-Findung auf ihn zu – und in beiden Fällen bleibt ihm die Aufgabe, sich zu finden, statt sich zu verfehlen. Und dieses Finden schließt oft das Verlieren mit ein: Wer sich findet, wird sich verlieren, wer sich verliert, wird sich finden. Wie soll der Mensch mit dieser Dialektik fertig werden?

Aus ihr fällt er oder flieht er oft genug heraus, sondert sich ab, und in dieser Sonderung liegt zugleich seine Sünde gegenüber Gott und der Menschengemeinschaft.

In Goethes »Wilhelm Meisters Lehrjahre« sagt Wilhelm zu dem alten Harfner, der gerade das Lied »Wer nie sein Brot mit Tränen aß« gesungen hat: »Ich finde dich sehr glücklich, daß du dich in der Einsamkeit so angenehm beschäftigen und unterhalten kannst und, da du überall ein Fremdling bist, in deinem Herzen die angenehmste Bekanntschaft findest.« Hier wird an die positive Chance der

Ich-Findung in der Einsamkeit erinnert. Aber was der Alte dann singt, läßt nichts von dieser Begegnung mit sich selbst erkennen:

Wer sich der Einsamkeit ergibt,
Ach, der ist bald allein;
Ein jeder lebt, ein jeder liebt,
Und läßt ihn seiner Pein.

Ja! laßt mich meiner Qual!
Und kann ich nur einmal
Recht einsam sein,
Dann bin ich nicht allein.

Es schleicht ein Liebender, lauschend sacht,
Ob seine Freundin allein?
So überschleicht bei Tag und Nacht
Mich Einsamen die Pein,

Mich Einsamen die Qual.
Ach, werd ich erst einmal
Einsam im Grabe sein,
Da läßt sie mich allein!

Hier wird die Qual als Gefährtin des Einsamen erkennbar, die ihn erst im Grabe verlassen wird.

Worin besteht die Qual des Einsamen? Die Frage mutet seltsam an, da doch jeder zu wissen meint, daß Einsamkeit, die nicht freiwillig gesucht wird, in sich eine Qual sein muß. Aber ihre spezielle Färbung, ihr Charakter läßt sich schwer fixieren und definieren. Der eine leidet mehr unter der Langeweile, die sich ihm aufzwingt, weil er niemanden hat, mit dem er reden, sich austauschen, zärtlich sein kann. Der andere verspürt tief in sich die Angst vor Krankheit, Alter und Tod oder nur einfach die unnennbare, namenlose existentielle Angst, über die er sich durch die Gegenwart anderer hinwegtäuchen kann. Ein dritter leidet unter der Langeweile, nichts mit sich anfangen zu können und andere zur Ablenkung nicht zu finden. Und dann tun sich schwer nennbare Strudel in einem auf, ein Sog, der uns in Abgründe zieht. Wir wachen nachts auf, finden uns allein vor, ertragen uns nicht, mögen uns auch im Spiegel nicht mehr sehen. Uns beginnt zu schwindeln, Seele, Magen, Hirn oder was immer in uns scheinen zu kreisen, einen nicht auszuhaltenden, aber auch nicht mehr abzuhaltenden Wirbel zu bilden, der uns verschlingt, uns in ein gähnendes, großes Loch der Einsamkeit und Sinnlosigkeit stürzt. Gefühle der Ohnmacht und Verzweiflung liegen am Grunde dieses Strudels. Gerade Menschen, die um die Mitte des Lebens einsam geworden sind, aber das Einsamkeitstraining des Alters noch nicht geleistet haben, sind von dieser implosiven Gefühlsgewalt betroffen und an den Wurzeln bedroht und erschüttert. Sie gehen ins Grab, schon ehe sie gestorben sind, sie fühlen sich zugrunde gehen und haben Angst davor, weil sie die positive Chance noch nicht erkennen, auf die Sören Kierkegaard hingewiesen hat, wenn er an das Wortspiel erinnert, das in dem Begriff »zu Grunde gehen« enthalten ist. Auch Taucher gehen zu Grunde, zum Grunde, und retten die Schätze aus dem Bauch des gesunkenen Schiffes. Aber vor diesem Gang auf den Grund, der uns allzusehr als Sturz in den Abgrund erscheint, fürchten und hüten wir uns, wir vermeiden ihn – und verfehlen uns damit unweigerlich.

Hier wäre die Chance, im Grunde zweieinig zu werden, sich selbst als Dialogpartner, als Einheit in vielem, in der Vielfalt zu finden.

Oft hat man die Einsamkeit Gottes beklagt, der doch nie einen wirklichen Partner habe. Aber das christliche Bild vom dreieinigen Gott soll darauf hinweisen, daß eben nicht die Einsamkeit des Verlorenen oder auch die – den Menschen wohlbekannte – Einsamkeit des Mächtigen auf eisiger Höhe vorliegt, sondern eben die dialogische, dialektische Einheit dreier Personen. So finden wir im Grunde unserer Einsamkeit, wenn wir sie nicht meiden und verfehlen, auch die Dreieinigkeit des dialogischen Ich im Dialog mit dem Du Gottes.

Wohl niemand hat krasser die Nähe des tiefsten Daseinsgrundes mit dem gefährlichsten Abgrund der Existenz charakterisiert als Jean-Jacques Rousseau in seinen »Träumereien eines einsamen Spaziergängers«, in denen er seine Empfindung der Einsamkeit so bewertet: »Alles ist für mich auf Erden zu Ende: Man kann mir nicht mehr wohl- noch wehe tun. Es bleibt mir auf der Welt nichts mehr zu hoffen noch zu fürchten; so ruhe ich sicher in der Tiefe des Abgrunds, ein armer, unglücklicher Sterblicher, doch unerschütterlich wie Gott selbst.«

Die Einsamkeit kann auch die Mutter der Neurose sein. Hier ist nicht zu reden von den Fällen, in denen sie ihre Folge ist. So gibt es kontaktschwierige Menschen, die deshalb allein bleiben, weil sie offensichtlich Fehlhaltungen vor sich hertragen und damit Mitmenschen abstoßen: übertriebene Geltungssucht, mangelnde Fähigkeit, zuzuhören und sich in andere einzufühlen, Egozentrik, Unaufrichtigkeit, Arroganz und Überheblichkeit, aber auch Unterwürfigkeit und Rückgratschwäche gehören dazu. All diese Fehlhaltungen weisen auf frühkindlich erworbene Schäden, auf entwicklungsbedingte Neurosen hin, deren Träger mit der Zeit vereinsamen können.

Nein, hier ist der umgekehrte Fall gemeint, daß nämlich Einsamkeit, wie sie das Schicksal mit sich bringt, zu Turbulenzen der inneren Bilanz, zum Verlust des Gleichgewichtes, zu Störungen der Beziehung zu sich selbst und damit auch wieder zu anderen führen kann.

Eine spezielle suchtähnliche Form der Vereinsamung findet ihren körperlichen Ausdruck in der früh betriebenen und oft auch im Erwachsenenalter, ja selbst in der Ehe nicht aufgegebenen Onanie, deren älterer Name auch Ipsation ist, was soviel wie »Selbstung« oder »Verselbstichung« heißt. Der etwas schnoddrige Witz, was den Geschlechtsverkehr von der Selbstbefriedigung unterscheide, hat hier durchaus einen richtigen Kern: »Man lernt mehr Leute kennen.« Die Ipsation ist das körperliche Selbstgespräch, die frustrierende Ausrichtung eines transitiven, transzendierenden Aktes ins Leere beziehungsweise auf einen selbst. Es ist die anschaulich gewordene, ja in leidenschaftlicher Ekstase sich selbst gipfelnde und in die Leere abstürzende, vergebliche Du-Suche, die nicht mit einer Ich-Findung endet, sondern mit einem Gefühl von Vergeblichkeit, eventuell Schuld oder Scham, in fast jedem Fall jedoch mit einem enttäuschenden Alleinsein und -bleiben. Der jähe kurze Lustrausch, die Illusion eines sexuellen Aktes – womöglich vor einem Bild, einem Sexualobjekt – wird zur Karikatur wirklicher Begegnung. Beides bleibt nichtig: das Zielbild ebenso wie der Akt der eigenen Ekstase, was ja wörtlich soviel wie heraustreten, sich entäußern heißt. Man entäußert sich und bleibt doch bei sich; man sucht das Gegenüber und verliert sich schließlich selbst. Die eigentliche Chance der Einsamkeit, sich zu finden, ist mittels der Surrogate nicht zu erfüllen.

Natürlich müssen derartige Suchbewegungen, so frustrierend sie verlaufen und enden, nicht das endgültige Scheitern aller Bemühungen auf dem Wege, zum Du oder doch zum Ich zu finden, bedeuten. Der Mensch ist unermüdlich und unerschöpflich in dem Versuch, Bahnen und Brücken zu schlagen, Spannungen und Spiegelungen zu wagen. Sein Leben ist – wie es in Luthers Übersetzung des Galaterbriefes heißt – eine einzige »Vita experimentalis«.

Mitunter wird dieses Experiment allerdings zu einer permanenten Suchaktion, in der sich der Einsame selbst zu finden sucht. Botho Strauß (»Die Widmung«, München 1977, S. 80f.) schildert diesen Suchvorgang, der selbst schon wieder masturbative Züge hat: »Jeden Abend, ungefähr ab halb sechs, verbrachte er vor dem Fernsehapparat und schaltete wahllos und ungeduldig zwischen den Programmen hin und her, so lange, bis mitten in der Nacht nicht mehr gesendet wurde. Es gab ihm einen Rest von Geborgenheit, einer unter zwanzig Millionen vergessenen Zuschauern zu sein, die wie er im selben Ausstrahlungskäfig, in derselben Isolation denselben Geschehnissen untätig beiwohnten. Nicht selten sah er an einem Abend bis zu fünf Nachrichtensendungen, immer wieder Heute, immer wieder Tagesschau. Und doch konnte er nicht eine einzige Meldung bei sich behalten; sobald er abschaltete, war alles, wie eine Sinnestäuschung, vorbei und wie nie gewesen. Erst nach dem Entzug jedweder Opposition zu einem Menschen, einem Körper, einem Mund war er in dieses TV-Delirium verfallen.«

Gerade die technischen und experimentell in den letzten Jahren höchst entwickelte Unterhaltungselektronik zeugt von dem Drang des Menschen, dem Käfig seiner Einsamkeit zu entrinnen gleich der Ratte im Experimentierkäfig, die den heilverheißenden Ausgang sucht. Die vielfältig schillernden Ausgänge sind die Hi-Fi-Anlagen, die CD-Spieler und die Bildschirme und Videos mit den zahllos vielen Programmen, die insgesamt einem Spiegelkabinett gleichen, in dem der Mensch live ab morgens sechs Uhr und aus der Konserve rund um die Uhr seine Ablenkung, seine Ersatzpartner und letzten Endes sein Ersatz-Ich zu finden hofft. Auf der Suche immer wieder

frustriert und betrogen, bleibt er in der Zone des Halb-
hungers empfänglich für die Suchtstimulantien der Ge-
räte und schaltet sie täglich aufs neue wieder ein in der
Hoffnung, in seiner Suche irgendwann ans Ziel zu kommen.

Verfall und verfallen sein

In diesem abwechslungsreichen und doch gleichbleibenden Rhythmus der Tage lebt und wirkt der Zeitgenosse, verfällt und altert, verfällt auch der Monotonie als einer schließlich lieben Gewohnheit, weil er ihr längst verfallen ist, und wird von ihr abhängig wie der Säugling vom Sauger, der Süchtige von der Droge.

Wir wissen heute, daß sich prinzipiell alles als Droge eignet: die Rauschmittel und Stimulantien, Alkohol und Nikotin natürlich, aber auch das Automobil und die Telekommunikation, die Sexualität, der fremde und der eigene Körper, die Ideologie, aber auch die Gewalt.

Der Einsame, der wirklich abgrundtief und unerreichbar und ohnmächtig Einsame ist wahrscheinlich der gefährdetste und der gefährlichste Mitmensch überhaupt. Die großen Mörder und Attentäter der Geschichte waren isolierte, introvertierte und tief vereinsamte Menschen. Wären sie es nicht gewesen, hätte die mitschwingende Bewegung einer sozialen Gruppe oder einer tragenden Paarbeziehung sie auch über die Versuchung der Tat, über den bösen Gedanken, den teuflischen Plan hinweggetragen. Aber sie verfehlten ihre ja auch mögliche positive Rolle, weil sie nicht angeregt und aufgefangen wurden. Sie vergruben und verschanzten sich, mauerten sich in Selbstbetrug und Trotz ein und wollten schließlich das nicht erreichbare Vorbild zerstören, sich an der Menschheit für den eigenen Mißerfolg rächen oder wenigstens durch die spektakuläre Tat noch einen grandiosen, wenn auch billigen Ersatzruhm auskosten. Die vergleichende Untersuchung einiger Attentäter der letzten Jahrzehnte ergab, daß es immer wieder ähnliche Menschentypen waren, die in dieser unheilstiftenden Weise hervortraten: auffallend erfolglos, frustriert, körperlich meistens schwach und seelisch unentfaltet. Fast alle sind entwurzelt und heimatlos und entsprechend seelisch labil. Darin liegt ihre hohe Ansteckbarkeit für erregende Zeitstimmungen begründet, aber auch ihre Widersprüchlichkeit und Disharmonie, die sie zu Gegentypen der Opfer werden läßt, die sie sich suchen.

Was sie entscheidend von ihren Opfern abhebt und was in vielen Fällen offenbar das stärkste Motiv für die Tat ist: Sie sind bis zur Tat meist völlig unbekannt und erfolglos. Dabei sind Ehrgeiz und Radikalität oft Eigenschaften, die sie mit ihren Opfern verbinden, nur daß sie nicht die Ruhe des Erfolges und die Gewißheit einer höheren Berufung ausstrahlen, sondern häufig ratlos und gehetzt von einem Versuch zum anderen jagen, um für sich das Leben zu gewinnen und zu gestalten, das Schicksal sozusagen im Handstreich zu zwingen. Sie scheinen ihren Opfern am tiefsten zu verübeln, daß denen das gelang, was ihnen selbst versagt blieb. Sie sind der Faszination des Glanzes der anderen, allerdings auch der alles verändernden Wirkung von Gewalt erlegen, die sich letzten Endes dann natürlich gegen sie selbst richtete.

So wird die Gewalt heute und – wie zu befürchten ist – wohl erst recht in Zukunft zur gefährlichsten Droge, der der Mensch verfällt. Auch die Verbreitung der Rauschdrogen scheint über die schrecklichen Vergiftungsgefahren hinaus, die insbesondere der Jugend drohen, durch die Anhäufung von Gewalt und Terror ihr furchtbares Angesicht immer deutlicher hervortreten zu lassen. Chancen für die weltweite Drogenexpansion bestehen letzten Endes nur, weil es das schier endlose, unübersehbare Heer der einsamen Menschen gibt, die in ihren Bann geraten. Wer die Drogengefahr in aller Welt bekämpfen will, muß etwas gegen die Bosse und ihre Organisationen tun. Vor allem aber muß er sich vorbeugend der Einsamkeit annehmen und gerade jungen Menschen Chancen für ein sinnerfülltes Leben und tragfähige Beziehungen bieten.

Es ist nicht zu leugnen, daß Einsamkeit etwas Abgründiges hat. In sie zu stürzen kommt dem Absturz in einen dunklen Abgrund gleich, dessen Tiefe und Ende man während des Sturzes nicht übersieht, weil man den Sturz in schwindelartiger Betäubung, ja verzweifelter Angst erlebt. Was sich am Boden des Grundes abspielt – ob man auf den Grund oder zu Grunde geht –, ist zunächst offen und eben darum ängstigend. Wir fallen, »fallen wie von weit« (Rilke), und dieses Fallen kann Ankommen zum Ziel haben, aber auch Verfall. Der Mensch – dazu bestimmt, zu transzendieren – strebt aus dem Gefängnis der Einsamkeit, das er nicht aufbrechen kann, hinaus in die erweiternde Innenerfahrung. Für die meisten ist dies der Rausch, und wenn der Rausch zur Gewöhnung wird, ist es die Sucht.

Jeder Sucht – ob Sex oder Droge, Alkohol oder Nikotin – ist gemeinsam, daß sie aus der verzweifelten Einsamkeit herausführen, Ichgrenzen sprengen soll, Freiheit verspricht und doch in paradoxer Umkehr immer mehr Abhängigkeit schafft. Dabei enthält die Sucht im verzerrten Spiegelbild oder in einer Fata Morgana das, wonach die gesunde Seele sich sehnt und was erst im Verfall krankmachender Eifersucht sich halbiert. Denn das ist die Wahrheit: Sucht ist halbierte Sehnsucht. Wahre Sehnsucht richtet sich auf Ganzsein, sucht etwas Fehlendes, dessen wir zur Ergänzung noch bedürfen. Sehnsucht ist Hoffnung, daß das Leben für uns noch etwas unglaublich Wichtiges bereithält. Menschen werden mit der Fähigkei zur Sehnsucht geboren, nur so können wir uns das durch alle Jahrhunderte andauernde Suchen nach einer höheren Existenzform erklären. Sehnsucht ist die Kraft, die uns aus der

Unzulänglichkeit unserer Existenz herausführt, das »Prinzip Hoffnung«, das über unsere jeweilige Wirklichkeit, das Hier und Jetzt, hinausweist: in die Zukunft, ins Jenseits, in eine bessere Welt. Ohne dieses Streben wären menschliche Kultur und der stete Drang des Menschen nach Verbesserung aller Verhältnisse, wäre menschlicher Fortschritt ebenso unerklärbar wie Religion und das tiefe Sehnen und Seufzen der Menschheit nach Erlösung und Heil. Eben weil er sich als unheil, unvollkommen, unzulänglich empfindet, sucht und sehnt sich der Mensch nach mehr, nach der vervollkommnenden Ergänzung in einem liebenden Gegenüber und einem heilenden Gott.

Wenn der Mensch in diesem Glauben lebt und von dieser Hoffnung sich bewegen läßt, erfährt er sich als geborgen und getragen von einem höheren Sinn. Wenn er dagegen diese Spannung zwischen Himmel und Erde nicht aushält, sondern die Befriedigung auf der Erde ungeduldig schon jetzt sucht, halbiert sich die namenlose Sehnsucht zu einer Sucht, die viele Namen hat. Während der von Sehnsucht erfüllte Mensch wie ein Pfeil ist, auf die Sehne gespannt und auf ein Ziel gerichtet, ist der von Sucht getriebene oder gezogene wie ein Treibholz in dem Strudel. Er entbehrt des Ziels, und er erfährt keinen Sinn, sondern nur den Gleichtakt von Hunger und Befriedigung. Wirkliche Sehnsucht macht ihn zu Größerem fähig, hält ihn eingespannt in den Zusammenhang zwischen Gestern und Morgen, zwischen Himmel und Erde, Geist und Natur. Sucht wirft ihn auf sich selbst zurück und nimmt ihm damit die Kompaßnadel der Orientierung. Wir können Sucht definieren als die Vereinfachung und Vereinseitigung eines umfassenderen Suchens nach Sinn. Sucht ist eine unerfüllte Liebe, sie verspricht mehr, als sie beinhaltet, und nicht nur mehr, als sie geben will, sondern auch als sie geben kann. Wie Liebe macht sie blind.

Der Süchtige und der Gegenstand seiner Leidenschaft sind auf unerklärliche Weise zusammengekettet, er ist »addicted«, das heißt, er widmet sich, ja er weiht sich dieser einen Leidenschaft. Je weniger Phantasie der Mensch hat, desto empfänglicher und abhängiger ist er von der vermeintlichen Fülle dieses einen anderen Menschen und dieser einen Passion. Je mehr er seine eigenen Kräfte nur in den Dienst dieses Verlangens stellt, um so stärker erscheinen ihm die Kräfte des Gegenstandes seiner Leidenschaft. Er fühlt sich frei in Raten, um alsbald wieder neu in den Käfig seiner Abhängigkeit zu geraten.

Die Sucht entspricht der Situation des Gefangenen, der durch einen Zaun von der Freiheit getrennt wird; sein Ausbruchsversuch konzentriert sich auf die Stelle, an der die morscheste Latte sitzt. Dort gelingt ihm auch der Durchbruch, aber mit dem Anfangserfolg verstärkt sich seine Meinung über das Geleistete, Überwundene. Zunächst glaubt er, den ganzen Zaun aus der Welt geschafft zu haben, erkennt aber später, daß es wirklich nur eine morsche Latte war. Der nächste Zaun wird noch unüberwindlicher; der Mensch hat es nicht gelernt, sich etwas zuzutrauen, er haftet aus Schwäche an dem Erlebnis, die Latte überwunden zu haben.

So kommt es nie zu einer Sinnerfüllung. Süchte haben Ersatzcharakter. Der Gefangene hat eine Ersatzfreiheit erlangt, als er das Gefühl hatte, den ganzen Zaun gesprengt zu haben, und doch nur in den nächsten Käfig gelangte. Statt seine Begrenzung zu akzeptieren und so innerlich alle Zäune zu überwinden, hat er sich Unbegrenztheit vorgespiegelt und ist in neue, oft größere Abhängigkeit gelangt.

Wie entsteht eigentlich die Verengung im Sog der Sucht, die uns schließlich unfrei macht? Beim ersten Versuch erleben wir einen Anfangserfolg. Die erste Zigarette erzeugt einen kleinen Rausch, der erste Wein, mit Freunden getrunken, eine Euphorie. Die erste Autoraserei läßt uns die Verstärkung eigener Kraft durch PS erfahren. Da jeder Erfolg eine verstärkende Wirkung hat, regt er zur Wiederholung an. Bald darauf tritt der Wiederholungszwang ein. Wird der Inhalt unserer Sucht unerreichbar, empfinden wir einen starken Mangel, den wir stillen wollen. Dieses Vakuumerlebnis führt dann ganz sicher tiefer in die Sucht. Es entsteht eine Schraubenbewegung, die den Süchtigen kraftvoll in seine Sucht zwingt. Er kommt nicht frei, da er keine anderen Leidenschaften hat neben dieser einen. Irrtümlich nimmt er den Teil fürs Ganze. Er überfrachtet seine Erwartung nach Befriedigung und Befreiung und erlebt sie stellvertretend für alle übrigen. Damit betrügt er sich selbst.

Die trügerische Sehnsucht führt weg von der Wirklichkeit, die Würde der Realität wird leichten Herzens verspielt für eine ferne Wirklichkeit, so als hätte man beim Flug zum Mond bewußt kein Rückflugticket gelöst.

Auch dieses Bild weist ins Transzendente. Und die Organisationen, die sich der Suchtbekämpfung widmen – wie Guttempler, Blaues Kreuz oder Anonyme Alkoholiker –, haben die religiöse Dimension der Sucht durchaus erkannt. Sie wissen, daß die nahezu totale Abhängigkeit des Suchtkranken nur durch die noch größere, noch tiefere Bindung an eine höhere Macht, an Gott zu überwinden ist. Erst der abgefallene und darum verfallene Mensch, der Maß und Orientierung verloren hat, ist aus dem Sehnsuchtszusammenhang mit dem, dem er fern ist, den er nicht sieht und nach dem er sich doch sehnt, herausgekommen. Er ist gefangen im Teufelskreis der Süchte, ohne daß er die Gefangenschaft spürt. Ihm muß die neue größere Gemeinsamkeit vor Augen geführt werden, er muß daran erinnert werden, daß wir auch in der Sucht suchen.

Suchen gehört zum Menschen, wir alle suchen den Sinn,

das Glück, den richtigen Weg und den, der uns die Richtung zeigt. Darum ist das Bekenntnis der glücklich Glaubenden auch immer ein Ausblick aus dem Verfallensein: »Du tust mir kund den Weg zum Leben, vor dir ist Freude die Fülle« (Psalm 16,11). Wir sind Menschen auf der Suche und dabei immer in der Gefahr, zu vergessen, welches Ziel wir suchen und wohin wir unterwegs sind, in der Gefahr, abzufallen, zu verfallen all den Ersatzerfüllungen, den Rauschmitteln, aber auch Ehrgeiz, Macht und Eigensucht – statt der wahren Vollkommenheit, dem wirklichen Wohl und Heil, das wir nur allzu leicht und allzu gern vergessen. Gerade der Einsame ist von diesem Vergessen nie weit entfernt.

Das Vergessen ist eine der größten Qualitäten des Lebens und zugleich eine der gefährlichsten Gaben für den Menschen überhaupt. Es ist schwer zu entscheiden, ob eine gütige oder eine böse Fee ihm diese Gabe in die Wiege gelegt hat.

Es gibt das heilsame Vergessen: Wir haben die Eigenart und die Neigung, mit bösen Erinnerungen auf die Weise fertig zu werden, daß wir sie einfach vergessen. In der Erinnerung vergoldet sich unsere Vergangenheit. Die Kindheit – die keineswegs immer die sorgloseste und schönste Zeit war – gewinnt in der Rückschau heitere Farben, und wir sehnen uns nach ihr zurück, möchten noch einige Tage, Monate oder Jahre wiederholen können. Dabei haben wir die vielen Schmerzen vergessen, die mit Einsamkeit, Zurücksetzung, Verlassensein, Unterdrückung, Bevormundung und vielen anderen unausgesprochenen oder ausgesprochenen Kinderleiden verbunden waren. Heilsames Vergessen, das die Voraussetzung eines unbelasteten Lebens und wohl auch eines späteren Glücks ist.

Aber wer das Heil selbst vergißt, wer auch das Schwere, das Leid vergessen will, kann jenen Abgründen der Existenz verfallen, die kein heilsames, gesundes Vergessen bereithalten. In Wahrheit vergessen wir nicht wirklich, sondern verdrängen nur, was uns unangenehm ist. Die Ursache dafür aber ist in Wahrheit Undank. Denn wenn wir des Guten gedenken, das wir erfahren haben, können wir auch das Negative, das Leid ertragen. Es tritt dann von selbst in den Schatten und bekommt eine untergeordnete Rolle. Auch die Einsamkeit wird positiver erlebt, wenn wir uns mehr des Guten erinnern, das wir erfahren haben, als wenn wir in Gram und Verbitterung uns nur des Schweren erinnern, das uns zugefügt wurde.

Die Kraft des positiven Denkens, der Hoffnung und des Optimismus, die jene anderen, erfreulichen Zeitgenossen ausstrahlen, rührt auch daher, daß sie Negatives vergessen und Positives um so intensiver bewahren und um so deutlicher wahrnehmen können.

Dazu gehört auch, daß sie zu danken vermögen, weil ihnen das Gute, das sie erfahren haben, nicht selbstverständlich ist. Sie vergessen es nicht einfach und erinnern sich deswegen auch derer, denen sie das Gute verdanken, und vor allem des Gebers aller guten Gaben, von dem der Psalm 103 sagt: »Vergiß nicht, was er dir Gutes getan hat!« Und auch dieses Vergessen ist uns aus der Bibel nur zu bekannt. Von den zehn geheilten Aussätzigen kam nur einer zurück, um dem Heiland zu danken. Von den Jüngern, die im Garten Gethsemane wachen sollten, erinnerte sich offenbar keiner. Alle schliefen und wurden von Müdigkeit und Vergeßlichkeit übermannt.

Wenn Paulus im Kapitel 3 des Philipperbriefs betont: »Ich vergesse, was dahinten ist«, ist nicht eigentlich das buchstäbliche Vergessen gemeint, also das abblendende Sich-nicht-mehr-Erinnern, sondern nur dieses Sich-nicht-mehr-beherrschen-Lassen, nicht mehr gefesselt sein, sondern frei sein auch von der Macht der Vergangenheit. Vergangenheit kann auch lähmen und überschatten, kann unfrei und deprimiert machen. Nicht leer geräumte Schuldkonten, nicht vergebene Sünden, nicht bewältigte Vergangenheit sind eine schwere Hypothek, die wir nicht vergessen, ja die wir verarbeiten sollten. Indem wir uns damit auseinandersetzen, indem wir sie abtragen und Schicht für Schicht durch bewußte und unbewußte seelische Energieanwendung, durch Austausch und Aussprache, durch Gebet und Gnade wie durch ein feines Sieb pressen, gewinnen wir die ursprüngliche Kraft zurück, die durch diese belasteten Hypotheken gelähmt war. Eben das ist der Sinn der göttlichen Vergebung, daß wir unbefangen und neu, unschuldig wie die neugeborenen Kinder sein können und vor Gott und Menschen neu beginnen. In diesem Sinne dürfen wir alles vergessen, was war, oder wie es in dem Weihnachtslied »Fröhlich soll mein Herze springen« heißt: »Lasset fahrn, o lieben Brüder, was euch quält; was euch fehlt: Ich bring alles wieder.« Damit ist ja wohl die unbelastete Unschuld, der Zustand *quasimodo geniti* gemeint, dem wir einen Sonntag nach Ostern gewidmet haben, der in der katholischen Tradition der Weiße Sonntag heißt, an dem die Kinder zur ersten heiligen Kommunion geleitet werden.

Das entscheidende Gedächtnis aber bewahrt uns Gott selbst. »Ich will dein nicht vergessen«, wie es bei Jesaja heißt. Der lutherische Theologe Werner Elert erläuterte die Lehre von Tod, Auferstehung und ewigem Leben so: Wenn wir tot sind, sind wir richtig tot. Unsere einzige Hoffnung ist, daß wir im Angedenken Gottes ruhn, daß er uns also nicht vergißt und eines Tages wieder ruft. Also nicht eine Unsterblichkeit der Seele und ein Verlassen des Leibes durch eine Seele, die womöglich noch Zwischenstation in einem anderen Organismus nehmen kann, wie heute wieder viele glauben. Nein, der Mensch ruht als ganzer im Angedenken Gottes, der ihn nicht vergißt und der ihn auch als ganzen wieder ruft.

Hier ist auch unsere Einsamkeit zu Ende. Nicht Verzweiflung und Resignation sind unser Schicksal, sondern am Ende die große Begegnung, die das Ende aller Einsamkeit sein soll. Darum hat Hoffnung das letzte Wort und nicht Resignation.

Gewiß: Resignation kann auch weise Selbstbescheidung sein. Marie von Ebner-Eschenbach sagt es so: »Heitere Resignation – es gibt nichts Schöneres.«

Diese Lebenseinstellung gehört gewöhnlich zu einer späteren Lebensstufe, sie steht vornehmlich alten Menschen an, die ein erfülltes Leben gelebt haben, nun aber bewußt zurückstecken, weil sie einsehen, daß nicht mehr alles so läuft, wie es vielleicht einmal lief, die aber wach geblieben sind in der Einschätzung ihrer Lage und lächelnd nachgeben, andere Lebensqualitäten zu entdecken bereit sind.

Andererseits sagt dieselbe Marie von Ebner-Eschenbach: »Nichts ist erbärmlicher als die Resignation, die zu früh kommt.«

Mit diesen Worten ist die Doppelbedeutung des Begriffs umfaßt, der ursprünglich Entsagung, Verzichtleistung bedeutet. Daß im Verzicht eine Leistung und persönliche Stärke offenbar werden können, ist nicht ungewöhnlich: Da verstehen wir Resignation als das Resultat aus Erfahrungen, deren Verarbeitung und gesunden Konsequenzen.

Ist hingegen ein Mensch immer wieder vorschnell zum Verzicht bereit, hat er sich auf Depressionen eingerichtet: Durch diese Form der Resignation blockiert er sich selbst und leider oft auch seine Nächsten. Seine besten Kräfte wie Lebensmut und Hoffnung versiegen, seine Lebenskraft wird abgewertet, bis das Leben keinerlei Freude mehr macht, er sich selbst bald nur noch als Spielball des Schicksals sieht oder allenfalls als Handlanger anderer Menschen. Seine restliche Lebenskraft widmet er dann vorzugsweise dem Gedanken, der oder die anderen wären schuld an seiner Lust- und Erfolglosigkeit. So macht er sich diese anderen auch noch zu Gegnern.

Es ist bedrückend, diese Tendenz schon an jungen Menschen zu erkennen, die sich bereits ausrechnen, wann sie wieviel Rente beziehen werden – als wäre ihr eigenes, einmaliges Leben, nämlich die Zeit, die dazwischen liegt, nur sinnloser, lustlos zu überbrückender Zeitraum. Viele junge Menschen sehnen sich nach Sicherheit, ohne genau zu wissen wovor, sie wünschen totale Versorgung durch die, deren Anstrengung für diesen Wohlstand sie so verachtenswert finden, daß sie gleichzeitig »alternativ« zu ihnen leben wollen. Sind die anderen (die Alten, die »Gesellschaft«) die Macher, so wollen sie die Kritiker sein. Als wäre mit diesem – falsch verstandenen – Begriff bereits eine aktive Kraft geboren.

Resigniert uniformieren sie sich scharenweise, um sich abzuheben, als wäre mit der äußeren Verkleidung bereits das innere Wertgefühl gewährleistet. Es ist schwierig, diese jungen Menschen zu motivieren, da sie zu jeder Art Resignation sofort bereit sind. Jede Art aktiver Hilfe hier und heute wird mit den Worten: »Was kann ich schon tun?« abgelehnt. Da das Abendland ohnehin untergangsreif ist, das eigene Leben sinnlos, Freude an einer Arbeit verdächtig, Freude am Leben allenfalls eine lügnerische Behauptung, setzt man sich zur Ruhe, ehe man überhaupt mit dem Schaffen begonnen hat. Diese Haltung ist ansteckend wie eine Virusinfektion. Erfahrungen wie die von Freiheit, Liebe und Glück bleiben unerkannte Ziele.

Diese triste, zu früh kommende Resignation ist Fehlverhalten, sie entspringt dem Verzicht auf Entscheidung und ist doch nur durch Entscheidung zu beenden. Es gibt keinen Grund und keine Entschuldigung dafür, sein eigenes Leben nicht in allen Konsequenzen leben zu wollen.

Dies gilt insbesondere dann, wenn das Lebensalter mit dem völligen Segelstreichen aller Hoffnung in einem paradoxen Widerspruch steht. Gerhart Hauptmann hat einmal darauf hingewiesen, er habe mehr jugendliche Greise gesehen, als er je für möglich gehalten habe. Gleichzeitig erinnerte er in einer Rede an die Jugendlichkeit vieler Hochbetagter, die eigentlich das Alter niederdrücken müßte.

Dennoch bringt uns unser Älterwerden alle in die Situation, mit Einschränkungen leben zu müssen. Dies ist nicht leicht. Wir bedauern, was wir verlieren; wir sind versucht, uns weniger wert zu fühlen. In gewissen Stunden zieht uns ein wirbelartiger Schmerz in den Strudel des Abgrunds, aus dem es keine Wiederkehr gibt: Uns wird klar, daß Lebenszeit und Lebenschancen unwiederbringlich dahingehen. Wir fühlen, wie wir uns in der eigenen Zurechnung wie in der Einschätzung anderer auf die Passivseite der Lebensbilanz zubewegen. Das kann uns bitter resignieren lassen – wenn wir nicht die Entscheidung treffen, auch diese schleichende Krise zu meistern, und zwar konstruktiv und kreativ. Die Verluste mögen noch so groß, der Schwund mag noch so spürbar sein: Schon wenn wir, statt unseren lieben Nächsten mit Klagen und Anklagen zur Last zu fallen, heiter bleiben und unsere verbleibenden Kräfte gern und sinnvoll auch für diese anderen einsetzen, tun wir ihnen und uns den größten Gefallen.

Vereinsamung und Verameisung

Daß sich heute mehr Menschen einsam fühlen, hängt mit zwei Dingen zusammen: Einmal mit der bedrängenden Dichte der großen Bevölkerungszahlen, besonders in den Ballungszentren, und vor allem mit dem abnehmenden Gefühl für die eigene Unersetzlichkeit, für den persönlichen Wert, man könnte auch sagen: mit dem individuellen Gesichtsverlust. Beide Tatsachen sind natürlich nicht ohne einander zu denken. Sie bedingen sich wechselweise und scheinen in der Gegenwart zu eskalieren: Je mehr Menschen im gleichen Raum zusammenrücken, um so wertloser fühlt sich der einzelne und um so weniger erträgt er sich als einzelner.

Die Entwertung des Menschen in der Massengesellschaft hat viele andere Gesichter. Man hat zu denken an die Anonymität und Brutalität im Straßenverkehr, in dem das Menschenleben immer weniger zu gelten scheint. Auch Terror, Grausamkeit und Verbrechen, die sich in den Ballungszentren der Welt beängstigend häufen, zeugen von der geringen Einschätzung des Lebens, das kaltblütig erledigt wird, wenn es im Wege steht. Auch das Verhältnis zu Alten und Kindern, vor allem zu den ungeborenen, die oft und gerade in Wohlstandsgesellschaften am wenigsten zählen, an den Rand oder sogar ins Aus geschoben, vernichtet werden. Nach der seit Jahren diskutierten schmerzenden Zahl der Abtreibungen rücken neuerdings erschreckende Symptome von Gefühlskälte gegenüber alten Menschen in Kliniken und Pflegeheimen in die Spalten der Zeitungen. Oder die von Rentnern, die um ein paar Mark willen in ihren Wohnungen erschlagen oder erstochen werden, lassen einen erschrecken über den geringen Wert, der dem Menschenleben oft beigemessen wird. Und diese Abwertung hat ihre innere Kehrseite in der Selbstabwertung des Menschen, der Auge in Auge mit sich selbst leben und das Leben aushalten muß. Wie kann er es, wenn er von sich, seiner Einzigartigkeit und seinem Eigenwert nicht überzeugt ist und die Umwelt ihn täglich und stündlich darüber belehrt, daß er mit diesen Zweifeln recht haben könnte?

In der Unerträglichkeit des existentiellen Zweifels am Eigenwert fliehen wir aus uns heraus in das Kollektiv. Zugleich fliehen wir dieses und treffen doch überall die wieder, die das gleiche tun: im Kino, auf dem Fußballplatz, im Einkaufszentrum, auf der Straße, an den Ausflugszielen, in den Bergen und auf den Seen, die heute an den Wochenenden die kollektiven Einzelflüchtlinge vereinen und ihre Fluchtlinien kreuzen lassen wie die Kiellinien der Surfer und Segler auf den Seen. Es ist schwer, allein zu sein und überhaupt noch Orte der Einsamkeit zu finden. Und es ist schwer, die Einsamkeit zu ertragen, und für die meisten erwünschter, sie zu fliehen und zu meiden – auch wenn die Kollektive dann ihren Schrecken verbreiten und einen erschöpft und genervt in die Einsamkeit zurückfliehen lassen, bis die Erholung vorbei und erneute Erschöpfung angesagt ist. So besteht das Leben in den Massenzentren für die meisten in dem ermüdenden Zweitakt von Leistung und Konsum, von Flucht vor der Einsamkeit und Flucht vor dem Kollektiv. Bildhafter als Theodor Heuss mit seinem Wortspiel von der Vereinsamung, die eine Folge der Veramsamung ist und umgekehrt, kann man diesen Zusammenhang kaum ausdrücken.

Zum Glück gibt es die Gruppen, die als überschaubare Größe menschliche Beziehungen erlauben. Hier begegnen sich die Individuen personal, können Mensch bleiben, können im anderen den Menschen erleben und werden nicht in die Anonymität unpersönlicher Großkomplexe eingeschmolzen. So erklärt sich wohl auch die tiefe Sehnsucht nach Kleingemeinschaften vom Stammtisch in der Kneipe an der Ecke bis zur Nachbarschaftsbegegnung etwa im Straßenfest, zur Initiativgruppe, zur Single- und Wohngemeinschaft, auch wenn diese neue Probleme, Reizungen und Reibungen hervorruft.

Die Gruppe ist zwar das Scharnier zwischen einzelnem und Kollektiv, sie ist zugleich aber auch das humane Gegengewicht gegen die drohende Entfremdung des Menschen durch Isolation und totale Sozialisation. In ihren verbindlichen Beziehungen von Angesicht zu Angesicht wird sie aber für den jungen Menschen spätestens in der Pubertät zum bedrückenden Gefängnis, weil er sie ja nicht selbst gewählt hat. Und für den Erwachsenen, der sie – über die engste Intimgemeinschaft: die Ehe – begründet, weil erträumt hat, wird sie nach Jahren oder Jahrzehnten ebenfalls zu einer häufig beklemmenden Sozialinstitution von zumindest zwiespältigem, wenn nicht zweifelhaftem Wert. Die Familie ist einerseits so etwas wie eine Insel in der unpersönlichen Umwelt. Die meisten Menschen sind froh, der nervenzerrenden Massengesellschaft entronnen zu sein und endlich in den eigenen vier Wänden – am Abend, am Wochenende oder im Urlaub – ausruhen zu können. Dort aber sind Kommunikation und Gespräch oft nicht eingeübt und werden leicht durch den Druck auf die Knöpfe der kulturellen Berieselungsanlagen ersetzt und erübrigt. So erweist sich die Familie – und ähnlich ergeht es anderen Gruppen – nicht als gleich- und gegengewichtig, sondern läßt die Strukturen der Vereinzelung und Vermassung durch die eigenen Poren dringen: Lauter einzelne sitzen vor den kollektiven Unterhaltungsinstrumenten und können dabei natürlich kaum miteinander kommunizieren. Das Fernsehprogramm ersetzt für viele die mündliche

Erzählung, das persönliche Gespräch, gar das vor langer Zeit noch übliche gemeinsame Beten oder Singen. Die Zerstreuung erfordert eine eigene Sammlung und Konzentration, die dafür die Konzentration auf anderes – und seien es nur die Schularbeiten – um so mehr erschwert.

Eine früh erworbene, heute aber häufige Folge ist die Fernsehsucht. Kinder, die heute überwiegend als Einzelkinder aufwachsen, haben keine Spielkameraden. Auch die Eltern haben keine Zeit, und so suchen sie im Fernsehgerät eine Art Ersatzpartner. Gesellschaftsspiele werden in den Familien immer weniger gepflegt. Handarbeiten bleiben unvollendet. Musizieren ist eine Kultur der wenigen. Kinder selbst beklagen häufig die Abhängigkeit der Familie von der »Glotzkiste«: »Seitdem wir im Haus ein Fernsehgerät haben, hat sich vieles geändert. Es wird einmal früher, einmal später gegessen. Sobald das Gerät eingeschaltet ist, wird kein Wort mehr gesprochen. Alles ist gespannt, wie der Krimi endet« (Junge, zwölf Jahre). Die Eltern sind am Abend müde, die Kinder werden es vor dem Bildschirm. In ihren schläfrigen Augen spiegelt sich die Mattscheibe, um die man gemeinsam versammelt ist, ohne zu merken, wie aus dem Familienkreis mehr und mehr der Familienhalbkreis wird. Aber das ist immerhin schon mehr, als wenn das arme Einzelkind den ganzen Nachmittag einsam und allein auf seinem Polsterthron gegenüber dem flimmernden Hausgötzen verharrt. Bewegungsmangel, Kontaktschwäche, Nervosität und Fernsehzucken, Verdauungs- und Schlafstörungen sind die schon zahlreich nachgewiesenen Schäden der Kinder, die nach sehr breit angelegten Untersuchungen zu 25 Prozent nervöse Störungen aufweisen.

Erst wenn der einzelne diesen Zirkel von Abhängigkeit bewußt durchschneidet, sich für sich selbst und eigene Aktivitäten entscheidet, kann er wieder menschenwürdig leben. Dann verliert auch die Einsamkeit ihre Schrecken. Sie wird als Vorstufe, als Medium der Selbstwertung bewußt bejaht. Ihre konstruktiven und kreativen Aspekte werden entdeckt. Der Mensch beginnt – in seine Gefühle hinein-horchend – sich auszuhalten, sich selbst zu entdecken. Wir beginnen uns in unserer ganz eigenen Individualität, in un-seren Gefühlen und Gedanken wahrzunehmen, drücken sie aus, spüren unser eigenes Leben in seiner Tiefe, atmen den Tag, die Stille tief ein und erleben Einsamkeit in einer ganz neuen, farbigeren Qualität. Sie wird human.

Die produktive
Einsamkeit

Klausur als Chance

Einsamkeit hat zwei Gesichter. Für den, der auf sie nicht vorbereitet ist und sie nicht will, kann sie das furchtbare Antlitz aller Schrecken und Ängste haben, kann voller Verzweiflung und gähnender Leere sein. Für den, der sie bejaht, kann sie ein einladendes, lächelndes Gesicht tragen, voller Schönheiten, Tiefe und Glanz.

Wie fast alle Dinge im Leben wechselt sie ihre Gesichter nach der Maßgabe unserer eigenen Entscheidungs- und Wertsetzung: Es kommt darauf an, wie wir uns zu ihr einstellen und was wir aus ihr machen. Ihre Gefahren heißen Verlassenheit, Leere, Öde und Wüste; ihre Chancen Besinnung, Vertiefung und Innerlichkeit. Im einen Fall sind wir eingesperrt in das Gefängnis unserer Isolation, im anderen Fall wählen wir die königliche Freiheit einer Klausur. Durch eine kleine Änderung, sozusagen das Durchstreichen des Minus vor der Klammer, die uns von der Außenwelt abschirmt, ändern wir alles oder doch das Entscheidende und schaffen die Voraussetzung unserer Freiheit. Mit Recht schreibt Arthur Schopenhauer: »Ganz er selbst sein darf jeder nur, solange er allein ist; wer also nicht die Einsamkeit liebt, der liebt auch nicht die Freiheit: Denn nur wenn man allein ist, ist man frei.« Aber nicht erst der skeptische Philosoph des 19. Jahrhunderts bewertet – womöglich aus Resignation – die Einsamkeit so hoch. Schon am Beginn der Neuzeit widmet ihr der italienische Dichter Francesco Petrarca das Buch »De vita solitaria« und lobt darin die Einsamkeit der Seele: »Sage mir bei Gott, welches Glück kann größer sein als die Einsamkeit, vor allem zur Zeit der Nacht, zur Zeit der Stille, der Ruhe und der Freiheit?«

Für Denker und Dichter ist Einsamkeit so selbstverständlich wie die Atemluft. Keiner jedoch hat sie in diesem Jahrhundert mehr zum Thema gemacht als Rainer Maria Rilke. Er selbst hat sie gesucht und auch, wo er sie nicht suchte, in allen Beziehungen bewahrt. Er hat sie bewußt vertreten: »Was not tut, ist auch nur dieses: Einsamkeit, große innere Einsamkeit, In-sich-Gehen und stundenlang niemandem begegnen – das muß man erreichen können«, so schrieb er in seinen berühmten »Briefen an einen jungen Dichter«, den Österreicher Franz Xaver Kappus, der allzusehr unter seiner Einsamkeit litt. »Was vielleicht einmal vielen möglich sein wird, kann der Einsame jetzt schon vorbereiten und bauen mit seinen Händen, die weniger irren. Darum, lieber Herr, lieben Sie Ihre Einsamkeit und tragen Sie Ihren Schmerz, den sie Ihnen verursacht, mit schönklingender Klage.« Dann zitiert er den dänischen Dichter Hans Larson: »Wenn du Leere fühlst, ja was sollst du dann tun? Gesellschaft und Zerstreuung sind nur scheinbare Hilfen. Du mußt in dich gehen, du mußt dich sammeln, allein sein. Du mußt deine Leere um dich fühlen wie einen leeren Raum, wie ein Gewölbe.« Er hat sie in verschiedenen Büchern besungen, nicht nur im »Malte Laurids Brigge«, sondern vor allem auch im »Buch der Bilder«, im »Buch vom mönchischen Leben« und in den »Gaben an einige Freunde«.

Du meine heilige Einsamkeit,
du bist so reich und rein und weit
wie ein erwachender Garten.
Meine heilige Einsamkeit du –
halte die goldenen Türen zu,
vor denen die Wünsche warten.

Ihm war die Einsamkeit der mystische Weg nach innen, zugleich aber auch die Offenbarung jenes Himmels, den er als »Weltinnenraum« entdeckte und der ebensosehr eine immanente wie eine transzendente Dimension besaß. Zugleich war ihm auch die Einsamkeit mitten in einer engen, ja intimen Beziehung wohl vertraut.

> *Die Einsamkeit ist wie ein Regen.*
> *Sie steigt vom Meer den Abenden entgegen;*
> *von Ebenen, die fern sind und entlegen,*
> *geht sie zum Himmel, der sie immer hat.*
> *Und erst vom Himmel fällt sie auf die Stadt.*
>
> *Regnet hernieder in den Zwitterstunden,*
> *wenn sich nach Morgen wenden alle Gassen;*
> *und wenn die Leiber, welche nichts gefunden,*
> *enttäuscht und traurig voneinander lassen;*
> *und wenn die Menschen, die einander hassen,*
> *in einem Bett zusammen schlafen müssen:*
>
> *Dann geht die Einsamkeit mit den Flüssen…*

Er entrinnt ihr nicht, sie entläßt ihn nicht: Der Dichter hütet seine Einsamkeit wie einen Schatz. Woran andere verzweifeln, auch wenn sie vor Verzweiflung auf die Zentrifugen der kollektiven Zerstreuung steigen, gelingt es dem Dichter, der heißlaufenden Rotation mit ihrer Fliehkraft nach außen zu entkommen und gleichsam in Gegenrichtung sich nach innen zu zentrieren – in Paraphrase seiner eigenen »wachsenden Ringe« könnte er – wie ich – sagen:

> *Ich lebe mein Leben in kleineren Ringen,*
> *die sich von außen zur Mitte ziehn.*
> *Ich werde vielleicht in den Punkt nicht dringen,*
> *aber setzen will ich ihn.*

Der Punkt ist der Ruhepunkt gelungener Klausur, Stillstand gleichsam im Auge des Taifuns, an dem sich nichts und um den sich alles bewegt.

Der Mensch, der in die Klausur geht, läßt den Lärm hinter sich, legt Abstände zwischen sich und die Welt. Der Einsiedler ist keineswegs nur eine Erscheinung früherer Jahrhunderte, etwa als Dürer seinen »Hieronymus im Gehäus« beim Studium der Heiligen Schriften festhielt. Einsamkeit ist auch heute eine begehrte und bewährte Form der Konzentration nach innen. Noch gibt es Räume und Wälder, in die kein Lärm dringt, Leere und Himmel, die ihn aufnehmen und wo er sich selbst überlassen ist. Aber auch die stille Klausur – das Wort kommt ja von der Klause, der Abgeschlossenheit – des einsamen Studierzimmers gestattet den Weg nach innen ohne den Umweg über die Außenwelt. An die Stelle der Unendlichkeit des äußeren Raumes tritt die Unbegrenztheit des Inneren als Reflex jener geistigen All-Einheit, die eben nur in der Alleinheit möglich ist.

Allerdings verlangt dieser Einstieg Opfer, die sich jedoch alsbald als Gewinn herausstellen, so der Verzicht auf optische oder akustische Kulissen, auf die Vielfalt von Kontakten, auf den Wechsel der Veränderungen. Wir verlassen die eine Landschaft, die vertraute und doch abgenutzte Umwelt, und treten in eine neue Welt, die Innenwelt, ein. Wir schließen die Augen, um den geistigen Blick nach innen zu wenden; wir befreien die Ohren von der Diktatur des Lärms, um sie für die Melodie von Sphären zu öffnen, die in uns aufklingen und von denen wir sonst nichts vernehmen würden. Vielleicht erfahren wir bei diesem Anlaß auch, wie wenig wir gewohnt sind, uns zu konzentrieren, also um ein Zentrum zu sammeln, wie sehr wir statt dessen zu zentrifugieren, also unsere Energien herumzuschleudern, unsere Sinne nach möglichst vielen Sei-

ten offenzuhalten, aber nichts Eigenes zu begreifen, festzuhalten oder gar zu gestalten vermögen. Elisabeth Lukas,
die maßgebende Schülerin des Begründers der Logothera-
pie, Viktor Frankl, rät in ihrem Bändchen »Sinnbilder«:

> Wage den Gang in die Wüste,
> wage die Einsamkeit!
> Wage das unentrinnbare
> Alleinsein mit dir selbst!
> Nur wo nichts mehr da ist,
> kommt das Dasein zum Vorschein.

Wege nach innen

In den fünfziger Jahren dieses Jahrhunderts wurde zunächst in den USA und dann auch in Deutschland ein Buch zum Bestseller, das den paradoxen Titel trug: *The lonely crowd* (Die einsame Masse). Der Verfasser, David Riesman, stellt darin drei Erlebnisweisen einander gegenüber, die drei Menschentypen entsprechen: den traditionsgeleiteten, den innen- und den außengeleiteten Menschen. Heute herrsche mehr und mehr der außengeleitete, durch Konsum und Medien bestimmte Typ vor, der immer weniger den Weg nach innen finde, je mehr er von außen bestimmt werde. Und dabei sei diese von außen geleitete Masse im Grunde ein Kollektiv von lauter Einsamen. Hier hat die Außenleitung und -abhängigkeit zur Vereinsamung geführt, ohne daß dadurch der Weg nach innen gefunden wurde. Vielmehr ist die Vereinsamung eine Folge der Flucht.

Auch der Psychoanalytiker Fritz Riemann (»Grundformen der Angst«) kommt zu dem Ergebnis: »Je weniger wir die Einsamkeit kennengelernt haben, desto mehr sind wir immer darauf eingestellt, sie zu fliehen und etwas oder jemanden außerhalb von uns zu finden, der uns aus ihr befreit; und so lassen wir es gar nicht dazu kommen, einmal die Segnungen der Einsamkeit an uns zu erleben.« An anderer Stelle erwähnt er dann einige dieser Segnungen: »Das Leben und die Welt sind so reich und voller Wunder, die nur darauf warten, entdeckt zu werden; und der Mensch ist so reich und vielschichtig angelegt, daß jeder jemanden oder etwas finden kann, dem er sein Herz und sein Interesse zuwenden kann – sei es in der Form der tätigen Liebe oder in der eines forschenden Sich-Versenkens, sei es im schöpferischen Gestalten oder im Erfüllen einer Aufgabe.« Hierin klingt allerdings schon eine widersprüchliche Spannung an. Einmal ist von Sich-Versenken, dann aber auch von tätiger Liebe und Aufgabenerfüllung die Rede. Das eine weist den Weg ganz nach innen, das andere über das eigene Ich hinaus.

Zunächst heißt es, den Weg nach innen zu gehen in das tiefere, umfassendere Selbst. Das Selbst – so tiefenpsychologische Erfahrung – weist über das Ich in seiner punktuellen Begrenztheit der Enge des Bewußtseins und der Interessen weit hinaus. Es umfaßt unser ganzes Wesen, auch die noch nicht erkannten und erfüllten Möglichkeiten. Deshalb ist in vielen Zusammensetzungen von »Wegen zum Selbst« die Rede: von Selbsterkenntnis und Selbstfindung, von Selbstverwirklichung und Selbstgestaltung, aber natürlich auch von Selbstbegrenzung und Selbstkritik sowie umgekehrt von Selbststeigerung und Selbsterhöhung – vielfältige Formen der Erfahrung und Begegnung. Dazu kommen noch Selbstbehauptung und Selbstdurchsetzung, Selbstmanagement und Selbsterweiterung sowie die polaren Kräfte Selbstliebe und Selbstzerstörung. Zwischen diesen beiden Polen scheint sich das ganze unerschöpfliche Thema des Selbst mit seinen unzähligen Facetten bis hin zur Selbstbespiegelung in einem geradezu labyrinthischen Spiegelkabinett auszuspannen. Dabei halten sich Gefahren und Chancen die Waage.

Die Gefahr besteht in einer einseitigen Ausrichtung auf ein Selbst, das als isoliertes Gegengewicht gegen die Außenwelt und vor allem gegen das Du verstanden und kultiviert wird. So ist im Zusammenhang mit den aktuellen Gedanken über Emanzipation das immer neue, geradezu einhämmernde Beharren auf der Selbstverwirklichung oft als ideologische und wohlklingende Formel für eine neue Variante des Egotrip durchschaubar. Wer immer nur sich sucht, wird sich mit Sicherheit *nicht* finden. Wer dagegen in sein Selbst einsteigt, wer sich meditativ nach innen versenkt, wer auch den Mut zur Einsamkeitserfahrung hat, kann in der Tiefe seines Selbst Erfahrungen machen, die über das eigene Ich hinausreichen und die die Unterscheidung von Ich und Selbst rechtfertigen: Erfahrungen der Grenzüberschreitung, der Eröffnung zum Du, zu Natur und Geist, zu kosmischer Einheit und göttlichem Sinn.

Dieses Selbst – diesseits und jenseits von Gott – erwartet uns mit vielfarbigen Offenbarungen, von denen sich gleichwohl nur in Andeutungen reden läßt. Sicher ist einzig dies: Die Einsamkeit ist die Durchgangspforte zu den inneren Welten in ihrer Vielfalt. Rilke sagt es so im zweiten Teil des Stundenbuches:

> *Wer jetzt nicht seine Augen schließen kann,*
> *gewiß, daß eine Fülle von Gesichten*
> *in ihm nur wartet, bis die Nacht begann,*
> *um sich in seinem Dunkel aufzurichten –*
> *der ist vergangen wie ein alter Mann.*
> *Dem kommt nichts mehr, dem stößt kein Tag mehr zu*
> *und alles lügt ihn an, was ihm geschieht –*
> *auch du, mein Gott. Und wie ein Stein bist du,*
> *welcher ihn täglich in die Tiefe zieht.*

Das heißt allerdings, daß auch der Einsame noch erlebnisfähig, aufgeschlossen, jugendlich sein muß und nicht verbittert und erstarrt, wie es der Verlassene allzu oft wird. Der lebendig Einsame bleibt gefühlsbereit, ja öffnet sich seinen Gefühlen um so sensibler und nuancierter. Er kann in ihnen weilen, lernt sie kennen, muß sie nicht produzieren, sondern läßt sie in sich aufsteigen und sich von ihnen erfüllen.

Dann stellt sich heraus, daß diese Gefühle ihn eben nicht

isolieren, sondern ihn öffnen und damit – auch bei der inneren Öffnung – voller Dialog, Erweiterung und Begegnung sind. Was sie allerdings nicht vertragen, ist Lärm, ist lauter Betrieb und sinnloser Aufwand. Auch dies will Rilke – diesmal im ersten Teil des Stundenbuchs – sagen:

> *Wer seines Lebens viele Widersinne*
> *versöhnt und dankbar in ein Sinnbild faßt, der drängt*
> *die Lärmenden aus dem Palast,*
> *wird anders festlich, und du bist der Gast,*
> *den er an sanften Abenden empfängt.*
> *Du bist der zweite seiner Einsamkeit,*
> *die ruhige Mitte seinen Monologen;*
> *und jeder Kreis, um dich gezogen,*
> *spannt ihm den Zirkel aus der Zeit.*

Hier ist es der Gast, der andere, und wohl Gott selbst, der den Kreis um ihn zieht, ihn aus der Zeit aus-, aber in eine neue Gemeinsamkeit eingrenzt.

Voraussetzung dafür ist aber, daß man »die Lärmenden aus dem Palast« ausschließt und sich ganz dem auserwählten Gast zuwendet. Weniger ist mehr, und an die Stelle der Extensität tritt die Intensität – das ist auch die Meinung aller, die in den letzten zweihundert Jahren über Einsamkeit geschrieben haben, so etwa Johann Georg Zimmermann in einem mehrbändigen Werk aus dem Jahre 1784: »Jede Stunde von ruhiger Sammlung des Gemüts und ernsthafter Einkehr in sich selbst gibt unserem Geist mehr Festigkeit und Stärke, mehr Widerwillen gegen übermäßige Verwicklungen mit Menschen. Man kann gut gesinnt sein gegen alle Menschen, gerne jedem beistehen in seiner Not, gerne jedem Gutes tun, wo man es in seinem Vermögen hat, und doch ihre Feste und Gelage fliehen, und doch keine Freude haben an ihrem flatterhaften Leben.« Oder aus den letzten Jahren in dem schon erwähnten Buch von David Riesman »Die einsame Masse«: »Wenn die außengeleiteten Menschen entdecken würden, daß sie ihre Einsamkeit mit dem Untertauchen in der Masse der Zeitgenossen in Wirklichkeit ebensowenig mildern können, wie man seinen Durst mit Meerwasser stillen kann, dann steht zu erwarten, daß sie auch ihren eigenen Gefühlen und Ansprüchen mehr Beachtung schenken.«

In der Tat ist auf die Nachkriegsphase des Aktionismus und einer ruhelosen Betriebsamkeit mit dem Ziel, durch mehr Konsum und Amüsement das Leben erfüllter zu machen, inzwischen längst eine neue Phase der Innerlichkeit, auch einer neuen Religiosität und des Gefühls für natürliche ökologische und kosmische Zusammenhänge getreten. Viele propagieren sogar die »Wendezeit« (Fritjof Capra) oder New Age, das neue Zeitalter, das des Wassermanns, das die Vergeistigung und die Verinnerlichung bringen soll. Der Wassermann ist allerdings auch ein Symbol und sozusagen die Inkarnation der Einsamkeit am tiefen Meeresgrund, während das Leben, das äußerliche Geschehen, sich auf der Oberfläche abspielt.

Dieser Weg nach innen ist schon wieder in der Gefahr, zur Selbstverkrümmung und Selbstverkapselung zu führen. Er wird dadurch nicht falsch, und sein Grundanliegen bleibt berechtigt – so wie auch die neue Entdeckung der Selbstliebe als ethisches Prinzip neben und innerhalb der Nächstenliebe berechtigt bleibt.

Das heikle Verhältnis zwischen Selbstliebe und Nächstenliebe ist besonders gut geeignet, auch die innere Verbindung von Einsamkeit und Gemeinsamkeit zu verdeutlichen.

Eindeutig lautet das Gebot Jesu: »Du sollst deinen Nächsten lieben wie dich selbst.« Der letzte Teil dieses Satzes hat Generationen von Theologen in Verlegenheit gebracht. Sie haben diesen der Selbstliebe gewidmeten Teil in ihren Auslegungen einfach weggelassen. Nächstenliebe allein ist sehr viel schöner und edler. Mit ihr kann der Christ sich schmücken, kann das Christentum sich vor anderen Religionen auszeichnen. Aber so einseitig war sie offenbar nicht gemeint. Wie muß man dieses Gebot dann verstehen?

Der jüdische Religionsphilosoph Martin Buber hat einmal die Übersetzung vorgeschlagen: »Du sollst deinen Nächsten lieben, denn er ist wie du.« Hier wird der Kontrast zwischen Ich und Du überbrückt, die Identifikation miteinander gefördert oder gar vorausgesetzt. Auch wenn er eine andere Sprache spricht, eine andere Hautfarbe trägt oder Sozialschicht verkörpert, ist er wie ich, ist er mein Bruder.

Aber auch noch eine andere Deutung dieses Gebotes ist möglich. Sie ergibt sich, wenn wir das kleine Wörtchen *wie* durch ein schlichtes *als* ersetzen: Liebe deinen Nächsten als dich selbst. Dies erspart uns peinliche Vergleiche und auch die Abwägung, welches den größten Wert habe, die Selbstliebe oder die Nächstenliebe. Komme erst ich und dann der andere, oder ist es umgekehrt? In diesem *als* wird die unaufhebbare Spannung zwischen Selbstliebe und Nächstenliebe angedeutet und zugleich gesagt, daß beide ineinander aufgehen: Indem ich mich selbst liebe – wenn es wirklich Liebe ist –, liebe ich auch den anderen. Und in dem Maße, wie ich den anderen liebe – wenn es wirklich Liebe ist –, liebe ich auch mich selbst und tue mir damit den besten Gefallen. Liebe ist Ich-stärkend und Du-annehmend zugleich. Sie dient uns beiden, und indem ich mich selbst verwirkliche, öffne ich mich dem Du. Indem ich dem Du begegne, es liebend umfasse und erschließe, bereichere ich auch mein Selbst in all seinen Potenzen. Reine einseitige Nächstenliebe hat dagegen oft etwas Asthmatisches und allzu Ätherisches. Sie bedarf des vitalen Zustroms eines gesunden Egoismus und einer Selbstvertretung. Erst wenn dieser Egoismus einseitig, total und schrankenlos ist, wenn er vor allem dem andern nicht das gleiche Recht zubilligt, wird er antisozial und sogar gefährlich. Einseitiger Egoismus ist aber im Grunde keine Übersteigerung der Selbstliebe, sondern eher eine Kümmerform. Sie zeugt von der Angst, zu kurz zu kommen, und er sucht sich auf Kosten des anderen auszuweiten. Angst und Sucht sind aber nicht Überflußsymptome, sondern Kennzeichen defizitärer Zustände, nicht Stärke-, sondern Schwächebeweise. So ist auch die einseitige Selbstverwirklichung oder Selbsterfahrung noch nicht unbedingt eine Selbstbereicherung und Erweiterung. Es verhält sich mit dem Selbst wie mit dem Glück oder dem Sinn, von dem Viktor Frankl sagt: »Der Sinn ist da, wenn ich nicht an ihn denke. In der Hingabe an eine Aufgabe fällt er mir in den Schoß. Sich selbst verwirklichen kann man nur, indem man sich vergißt.«

Diese Selbstvergessenheit ist die wichtigste Dimension der Selbstfindung, ist der gelassene, offene, freie und doch erfüllte Raum, in den alle Wege nach innen schließlich führen.

Zeit zur Versenkung

Zwei Mönche lasen gemeinsam in einem alten Buch, daß es am Ende der Welt einen Ort gebe, an dem Himmel und Erde sich berühren. Sie beschlossen, diesen Ort zu suchen. So zogen sie aus in die Welt, bestanden zahllose Gefahren, erlitten Entbehrungen und mußten viele Versuchungen bestehen. Schließlich endete ihr Weg an einer Tür, und ihnen fiel die Verheißung ein: Bei einer unbekannten Tür müßten sie stehenbleiben und an ihr klopfen. Dahinter befinde sich das Paradies; dann sei man bei Gott. Ahnungs- und hoffnungsvoll klopften sie an die Tür, und tatsächlich: Sie öffnete sich. Und als sie eintraten, erkannten sie: Sie waren wieder in ihrem Kloster und in ihrer ursprünglichen Zelle. Nun begriffen sie: Der Ort, an dem Himmel und Erde sich berühren, ist genau der, an den uns Gott jeweils gestellt hat. Für die Mönche war er natürlich das Kloster als der Ort der Besinnung und Versenkung.

Für viele wäre es eine Horrorvorstellung, in einer Klosterzelle leben zu müssen, und sie würden sich fragen: »Was macht man da den ganzen Tag?« Oder sie würden mit Victor Hugo bekennen: »Die Hölle liegt ganz in dem einen Wort: Einsamkeit.« Was für den einen die Pforte des Paradieses ist, empfindet der andere als Hölle. Und doch müssen wir wohl auch durch die Hölle der Einsamkeit hindurch, wenn wir ihre Segnungen und ihren Gewinn erfahren wollen.

Wenn wir noch ein wenig im Kloster verweilen oder etwa mit Erhart Kästner (»Die Stundentrommel vom heiligen Berg Athos«) eins der berühmten Klöster des Athosberges besuchen, so betreten wir die Zelle des Pater Gerasimos. Kästner fragt ihn: »Ob das einsame Leben schwer sei und mit der Zeit eher leichter oder eher noch schwerer als anfänglich werde, wollte er wissen. Eigentlich schwer nicht, erwiderte er, schwer nicht, nicht schwer. Es umgebe einen wie eine stille, stehende Pracht. Einsamkeit sei ein Element, wenn er sich als Chemiker so ausdrücken dürfe, klar wie Wasser und doch nicht wie Wasser, schwerer, ganz schwer. Man schwebe darin. Langeweile, o nein. Davon sei nicht die Rede; dazu sei das Herz viel zu ruhend. Gestillt, ganz gestillt. Er habe gerne allein gelebt, leidenschaftlich, Jahr um Jahr, fünfundzwanzig, habe abgelehnt, mit anderen zusammenzuziehen, wenngleich es ihm manche anboten. Er habe immer gefunden, in vollkommener Einsamkeit, in Gelassenheit sei die Stimme von oben am reinsten zu hören. Denn es sei sicher, daß eine fremde Stimme dann spreche. Im Herzen, im Kopf nicht; der Kopf könne hierzu nicht viel sagen.«

Wir Kopfmenschen haben den Gedanken der selbstgewählten Einsamkeit, der Einsiedelei um der Versenkung willen weit zurückgestellt. Es wird uns auch nicht leicht gemacht, den Ratschlag der Bibel zu erfüllen: »Wenn du beten willst, so gehe in dein Kämmerlein und schließe die Türe zu!« Wenn's damit getan wäre! Wir müßten den Verkehrslärm abstellen, das Telefon ausstöpseln, Radio und Fernseher abgeschaltet lassen, die Familie fortschicken, alle beruflichen und privaten Sorgen ausklammern. Und wann können wir, wann tun wir das?

Aber genau das müßten wir tun: Einsiedlerzellen zumindest der Zeit nach in unsere von Routine und Rotation überdrehte Alltagshektik einbauen. Wir können sicher sein: Diese bliebe dann nicht mehr die gleiche, sondern würde allmählich von dem Ferment der Gelassenheit durchwirkt, sie würde sich gleichsam setzen wie ein durchgeschüttelter Wein, genießbarer und bekömmlicher werden.

Einsamkeit wird fruchtbar, wird zur Einkehr durch die Stille. Sie ist uns nicht mehr von selbst gegeben, und wer wohnt schon als Einsiedler in stiller Umgebung oder in der von Theodor Storm mit dem Zauber seiner Poesie umgebenen Heide:

> Abseits
> *Es ist so still; die Heide liegt*
> *im warmen Mittagssonnenstrahle,*
> *ein rosenroter Schimmer fliegt*
> *um ihre alten Gräbermale;*
> *die Kräuter blühen, der Heideduft*
> *steigt in die blaue Sommerluft...*
>
> *Ein halbverfallen niedrig Haus*
> *steht einsam hier und sonnenbeschienen;*
> *der Kätner lehnt zur Tür hinaus,*
> *behaglich blinzelnd nach den Bienen;*
> *sein Junge auf dem Stein davor*
> *schnitzt Pfeifen sich aus Kälberrohr.*
>
> *Kaum zittert durch die Mittagsruh*
> *ein Schlag der Dorfuhr, der entfernten;*
> *dem Alten fällt die Wimper zu,*
> *er träumt von seinen Honigernten. –*
> *Kein Klang der aufgeregten Zeit*
> *drang noch in diese Einsamkeit.*

In unsere Einsamkeiten drängen gewöhnlich nicht nur Klänge, sondern dringt sehr viel Lärm. Wir müssen uns abschirmen oder müssen uns die Zeiten nehmen, in denen uns die Stille umfangen kann – die Dämmerung, der Abend, die Nacht oder das frühe Morgengrauen. Stille läßt uns ruhig werden, sie öffnet uns Sinne und Seele.

Die meisten Menschen halten die völlige Stille nicht aus,

sie flüchten vor ihr, weil sie sich in ihr totenstill, leer und verlassen fühlen. Die Stille ist in der Tat wie ein riesiges Loch, eine Höhlung, in der wir uns verlieren können. Sie enthält aber auch die Chance, sich zu füllen. Zunächst sind es Geräusche: das Fallen von Blättern, der Ruf eines Vogels, das Rauschen des Regens. Eine solch belebte Stille regt an und fördert Gedanken, Visionen, Empfindungen und Gefühle zutage. Wir füllen uns mit Impressionen, erleben den Augenblick als erfüllt. Für den einen mögen es Erinnerungen sein, Gedanken an ferne Dinge und nahe Menschen. Für den anderen sind es traumhafte Visionen, Umrisse von Ideen, Blicke in eine ungeahnte Tiefe der Wirklichkeit. In der Stille formulieren sich – in Worten oder auch ohne Worte – Gebete zum Urgrund des Seins, zu Gott.

Hans Jürgen Baden trifft in seinem Buch »Schritte aus der Einsamkeit« zwei scheinbar paradoxe Feststellungen: »Das Gebet ist keine Patentlösung gegen die Einsamkeit« und: »Gott offenbart sich vorzüglich dem Einsamen, wenn dieser imstande ist, zu warten, und ein Organ für die göttliche Erscheinung besitzt.« Offenbar ist hiermit gemeint, daß das Gebet nicht unsere Einsamkeit füllen und erst recht nicht sie vertreiben soll. Wir können nicht, wenn wir Leere fühlen und Einsamkeit erleiden, zum Gebet wie zu einer Notbremse greifen. Jedenfalls ist dies nicht die ausfüllende, erfüllende Tiefe des Betens. Sondern das Beten des Einsamen in der Stille ist das Öffnen seiner inneren Organe, das Bereitsein, das Ausstrecken der Antennen für die »Signale aus dem Weltraum«, wie Rilke es einmal genannt hat. Baden geht soweit zu sagen: »Der Gläubige ist, im Notfall, auf Menschen nicht mehr angewiesen. Er hat sich von aller gesellschaftlichen Abhängigkeit befreit. Seine Einsamkeit ist unablässig für die Wirklichkeit Gottes transparent. Es bedarf nur einer unmerklichen Wendung – und er steht dem ewigen Du gegenüber. Er weiß sich aufgehoben, getröstet, von Angst befreit.« Aus diesen Begegnungen in der Stille geht der Mensch vertieft, bereichert, erleuchtet hervor – so wie Mose mit einem Leuchten vom Berg Sinai zurückkam oder Jakob, der mit dem Engel rang und als ein Verwandelter daraus hervorging: »Ich habe Gott von Angesicht gesehen, und meine Seele ist genesen« (Genesis 32,30).

Was für den gläubigen Beter das Gotteserlebnis in der mystischen Tiefe der Stille und Einsamkeit bedeutet, ist für den anderen – etwa die Dichterin Annette von Droste-Hülshoff – die Begegnung mit der Natur, ihren Geistern, ihrem »Heiligen Licht«, in dem ebenfalls durch die Transparenz der Schöpfung auch das Angesicht des Schöpfers leuchtet. Zugleich wird der Schöpferanblick zum schöpferischen Augenblick, ereignet sich die göttliche Inspiration:

Laßt mich an meines See's Bord,
Mich schaukelnd mit der Wellen Strich,
Allein mit meinem Zauberwort,
Dem Alpengeist und meinem Ich!

Verlassen, aber einsam nicht,
Erschüttert, aber nicht zerdrückt,
Solange noch das heilge Licht,
Auf mich mit Liebesaugen blickt.

Solange mir der frische Wald
Aus jedem Blatt Gesänge rauscht,
Aus jeder Klippe, jedem Spalt,
Befreundet mit der Elfe lauscht.

Solange noch der Arm sich frei
Und waltend mir zum Äther streckt,
Und jedes wilden Geiers Schrei
In mir die wilde Muse weckt.

Kreativität als Ergebnis

Diese Einsamkeit des schöpferischen Menschen kann ein überwältigendes göttliches Geschenk, kann das Füllhorn schlechthin sein. Häufig aber wird sie auch als Zwang und Strafe empfunden, der Schreibtisch mit einer Galeere verglichen, so etwa bei Ingeborg Bachmann, die in einer Rede mit dem Titel »Die Wahrheit ist dem Menschen zumutbar« kurz vor ihrem Tode sagte: »Ich kenne nur meinen Schreibtisch, der mir verhaßt ist, aber ich würde ihn doch nicht verlassen, wenn es nicht so listige Überredungskünste gäbe wie diesmal die Ihren, die einen aufstehen lassen, erleichtert einen Moment lang, aber schon im nächsten Moment weiß man doch, es war eine Flucht, eine Verführung, und man wünscht sich zurück auf die Galeere. Wer einen dazu zwingt? Niemand natürlich. Es ist ein Zwang, eine Obsession, eine Verdammnis, eine Strafe.«

Theodor Haecker hat in seinen »Tag- und Nachtbüchern« diesen Vorgang detaillierter beschrieben: »So sind meine Nächte: im Anfang ist alles dürr und trocken, und kein Tropfen scheint meine Zunge mehr erquicken zu wollen. Dann springt irgendwoher ein Bächlein, und bald rauschen viele Wasser, und das Becken reicht nicht, sie zu fassen… Alles in allem sind doch die einsamen Schreibenächte das Schönste, was mir Gott geschenkt hat.« Und Franz Kafka bekennt: »Ich muß viel allein sein. Was ich geleistet habe, ist nur ein Erfolg des Alleinseins« (Tagebuch vom 21. Juli 1913). An Felice Bauer schreibt er: »Kennst Du eigentlich die Freuden des Alleinseins, Alleingehens, Allein-in-der-Sonne-Liegens?… Ich brauche zu meinem Schreiben Abgeschiedenheit nicht wie ein Einsiedler, das wäre nicht genug, sondern wie ein Toter.« Als ihn jemand fragte, ob er etwa so einsam sei wie Kaspar Hauser, antwortete er: »Viel ärger als Kaspar Hauser. Ich bin so einsam wie Franz Kafka.« Aber es schuf eben auch nur einer ein Werk wie Franz Kafka.

Die Kreativitätsforschung ist zu einem Ergebnis gekommen, das zugleich die Grenzen dieser Forschung markiert. Der kreative Einfall, der inspirative Akt, der göttliche Funke ist selbst nicht greifbar. Er bleibt im Dunkel des Unbewußten, so wie auch das Spezifische des Genies, die unverwechselbare Eigenart nicht erforschbar ist, weil sie jeden Vergleich übersteigt. Forschung ist auf Vergleich und Meßbarkeit angewiesen. Alle unbewußten und individuellen, ungewöhnlichen Akte entziehen sich ihr. Bis zu dem Punkt der Inspiration kann geforscht werden, aber dann ereignet sich die Vorbereitung des großen Gedankens, des schöpferischen Einfalls, der einmaligen Idee.

Die Kreativitätsforschung spricht von der Inkubationszeit, also dem Zeitraum, in dem der Gedanke reift – wohlvorbereitet durch Bemühung und Studium und schließlich zutage tretend in der erkennbaren Gestalt des Werkes. Dazwischen aber liegt die kürzere oder längere, oft über Jahre hinausreichende Spanne der Inkubation, die man auch mit einer Schwangerschaft vergleichen kann. Ideen wachsen in der Tiefe der Seele, des Unbewußten, beim einzelnen, und wenn sie je zutage treten, geschieht dies in der Regel auch in der Einsamkeit der Gelehrtenstube, des künstlerischen Ateliers, im Studio oder in der Dachkammer des Spitzwegschen Poeten.

Dabei ist es vorzugsweise der halbwache Zustand zwischen Traum und Tag, der den bahnbrechenden Gedanken zutage hilft. Das berichten übereinstimmend René Descartes, August Kekule, Kurt Loewi und Albert Einstein. Der Nobelpreisträger Otto Loewi, der im Jahre 1920 die chemische Übertragung nervöser Impulse entdeckte, berichtet darüber, wie ihm diese Erkenntnis kam, nachdem er sich über 15 Jahre lang gar nicht mehr mit dem Problem beschäftigt hatte: »In der Nacht zum Ostersonntag wachte ich auf, machte Licht und kritzelte ein paar Notizen auf einen Zettel. Dann schlief ich wieder ein. Um 6 Uhr morgens fiel mir ein, daß ich in der Nacht etwas ungeheuer Wichtiges aufgeschrieben hatte, aber ich konnte das Gekritzel nicht entziffern. In der folgenden Nacht um 3 Uhr fiel es mir wieder ein. Es war die Anordnung eines Experiments, das erweisen sollte, ob die vor 17 Jahren aufgestellte Hypothese der chemischen Übertragung richtig war oder nicht.« Er stand sofort auf, ging ins Labor und bewies durch einen einfachen Versuch, daß die Hypothese stimmte.

Am Übergang vom Unbewußten zum Bewußtsein ist schöpferisches Denken besonders wahrscheinlich. Hier gibt es eine entscheidende Schwelle, auf der das schöpferische Individuum sowohl vom Unbewußten wie auch vom Bewußten seine Kräfte bezieht und beide sich in einer schwer bestimmbaren Balance befinden. Das Bewußtsein wird nicht durch das Unbewußte mit ungebändigten Bildern überschwemmt, das Unbewußte nicht vom Bewußtsein hemmend zensiert. Schon Carl Gustav Jung sprach im Jahr 1938 von einer »Technik des Abschaltens des Bewußtseins, damit die unbewußten Inhalte sich entwickeln können«.

Natürlich kann dieser heikle Vorgang kaum mitten in der Gesellschaft von Menschen geschehen. Er setzt die Ungestörtheit und Zurückgezogenheit, die zumindest zeitweilige Klausur voraus.

Oft kommt noch die innere Reduktion hinzu, etwa der Verzicht auf physische Nahrung, geistige Ablenkung, soziale Kontakte. Vor allem das Fasten erweist sich als Stimulans der Kreativität. Die Sinne werden wacher, der Geist reger und frei von Schwerfälligkeit und Trägheit. Ganz unerwartete Einsichten und Durchblicke sind die Folge solcher Konzentration. Nicht umsonst sind Mose, Mohammed und Jesus fastend in die Einsamkeit gegangen, haben die innere Versenkung und gleichzeitig die Öffnung gegenüber dem Geist Gottes gewählt. Auch in der jüngsten Vergangenheit bekannte sich ein Staatsmann, der später ermordete ägyptische Präsident Anwar El Sadat, zu diesem Weg nach innen. Er äußerte dem SPIEGEL gegenüber: »Ich fühle mich nicht unwohl in den Tagen des Fastens. Im Gegenteil... wird mein Geist sehr klar... Wenn ich faste, bin ich Gott näher, verstehe ich besser, was er will, was Gott von mir erwartet. Dann habe ich die Erleuchtung und weiß, welchen Weg ich einschlagen muß.« Wahrscheinlich sind alle großen Leistungen und Erneuerungen der Menschheit aus Einsamkeit, Zurückgezogenheit und Schweigen hervorgegangen. Der Philosoph Friedrich Nietzsche dichtete:

Wer einstmals viel zu künden hat,
schweigt viel in sich hinein.
Wer einst den Blitz zu zünden hat,
muß lange Wolke sein.

Gerade die großen religiösen Ideen verdanken sich dem Gang in die Wüste, der Einsamkeit und dem Fasten. So sagt ein indischer Meister: »Die Seele in der Einsamkeit ist der Geburtsort der Religion.« Und der Religionsphilosoph Friedrich Schleiermacher führt aus: »Religion ist nicht Sache der Gemeinschaft, sondern des Individuums. Denn sie ist Sache des Herzens. In seiner Tiefe, dort, wo er ewig mit sich allein ist, wohin ihm niemand mit seinem Mit- und Nachfühlen folgt, dort ist der Mensch religiös.«

Wieso wird hier die Religion in die Nähe der Kreativität gerückt? Beide sind eng verwandt. Beide haben es mit sinnstiftenden Akten zu tun. Religion ist nicht nur das »Gefühl der schlechthinnigen Abhängigkeit von Gott« (Schleiermacher), sondern ist die Gestaltung von Sinn, die Durchformung und Durchflutung unseres Lebens mit Sinn, wenn wir den schöpferischen Akt vollbringen, aus der Diesseitigkeit, Jeweiligkeit und Vordergründigkeit des Alltags herauszutreten und uns in den größeren Zusammenhang der Schöpfung und des göttlichen Wirkens zu stellen. Kreativität ist umgekehrt die Teilhabe an diesem schöpferischen Wirken, ist Ebenbildlichkeit mit dem Schöpfer, so wie die Inspiration in der Tat ein Fünkchen jener Schöpferkraft darstellt, die in dem berühmten Dekkengemälde des Michelangelo von Gott zu Adam überspringt. Adam ist das Werk des Schöpfers, der Geschaffene und zugleich der schöpferische Mensch, der seiner kreativen Kräfte – wenn auch nur ansatzweise – teilhaftig geworden ist. In der alten Kirche ging der Pfingstruf nach dem *creator spiritus*, dem Schöpfergeist. Diesen Zusammenhang haben wir aus unserem Nachdenken über das Schöpfertum des Menschen verdrängt oder ihn einfach vergessen. In der Einsamkeit des nachdenklichen, geistsuchenden, gottsuchenden Menschen erschließt er sich neu und wird unmittelbar erfahren.

Der Weg
nach
draußen

Nicht warten: handeln

Wir haben unsere Gedanken unter das Programm gestellt »Kraft aus der Einsamkeit«. Nun zeigt sich, daß dieser Titel auch noch eine andere Seite hat. Neben der Kraft, aus der Einsamkeit das Beste und Tiefste herauszuholen und auszuschöpfen, ist auch die Kraft wach und stark zu halten, über die Grenzen der Einsamkeit hinauszutreten, sie zu verlassen und sie zu überwinden, ja zu überschreiten, wenn es an der Zeit ist. Dabei wird es ein ewiges, nie aufzulösendes Spannungsverhältnis zwischen Einsamkeit und Gemeinsamkeit geben: Negativ heißt dies, daß wir mitten in Gemeinschaft und Beziehungen einsam sein können, und positiv, daß, wer gemeinschaftsfähig sein will, auch Einsamkeit erfahren und durchgestanden haben muß. In der Dialektik, in der fruchtbaren Spannung beider liegt der eigentliche Sinn der Einsamkeit, ihre Krönung und Überhöhung.

Darin enthalten ist eine andere Dialektik, auf die hinzuweisen sich lohnt, die von Sehnsucht und Selbstbejahung: Bei aller Selbständigkeit und Stärke einsamen Lebens muß die Sehnsucht bleiben, das Bezogensein auf Menschen, auf Austausch, auf Liebespartnerschaft. Wäre diese Offenheit nicht da, so wären Abkapselung, Isolation und wahrscheinlich Selbstmitleid und Verbitterung das unausweichliche Schicksal. Um offenzubleiben und nicht verhärmt zu werden, muß ich mich selbst bejahen. Das heißt aber auch, daß ich bereit sein muß, in meiner Einsamkeit auch in die eigenen Abgründe, Unvollkommenheiten und Leidenstiefen hinabzusteigen und mich dort zu suchen, wo ich mich eigentlich vermeiden wollte. Aber wenn ich die Tiefen durchschritten, ausgemessen, ausgelitten und ausgekostet habe, bin ich wahrscheinlich besser bereitet für jede künftige Begegnung. Auch wenn wir der biblischen Tradition folgen, hat die Du-Beziehung Vorrang vor der Ich-Existenz: »Es ist nicht gut, daß der Mensch allein sei...«

Ich muß, ich darf etwas tun, um aus den eigenen Grenzen hinauszutreten. Es kommt darauf an, daß wir uns öffnen und bereit sind, die tief in unserem Innern liegende Scheu zu überwinden, und versuchen, neue Aktivität zu erlangen.

Es ist bereits weit nach 22 Uhr, als die 42jährige Monika aus der Sozialstation des DRK kommt und ihren Heimweg antritt. Es war noch einiges aufzuarbeiten, das sie während des Tages nicht geschafft hatte. Zu Hause wird sie todmüde ins Bett fallen nach einem zwölfstündigen Arbeitstag. Aber als Leiterin der Sozialstation des Deutschen Roten Kreuzes hat sie fast niemals einen Acht-Stunden-Tag.

Monika lebt allein. Nach einer tiefen Enttäuschung, als ihr Lebensgefährte sie nach sechs Jahren verließ, hat sie sich niemals wieder binden wollen, obwohl sie damals erst Mitte Zwanzig war. Damals glaubte sie, die Welt habe sich gegen sie verschworen. Von allem sagte sie sich los. Freunde und Bekannte versuchten ihr Bestes. Vergebens. Monika fühlte sich vom Leben betrogen, denn zu allem Unglück verlor sie auch noch ihre Arbeitsstelle. Ihre Einsamkeit führte zu tiefen Depressionen. Es kam schließlich so weit, daß eben von dieser Sozialstation, deren Leiterin sie jetzt ist, sie jemand aufsuchte, ihr die Mahlzeiten brachte und sie versorgt werden mußte, weil sie ihre Wohnung kaum noch verließ.

Zunächst ließ sie sich überreden, als freiwillige Helferin hin und wieder einzuspringen, wenn Not am Mann war, sei es bei einer Blutspendenaktion oder einer Veranstaltung des DRK. Dies gefiel Monika so gut, daß sie daraus ihren Beruf machte. Sie ließ keinen Lehrgang aus, um sich weiterzubilden, und so hatte sie den leitenden Posten übernommen. Sie räumt selber ein, daß eben diese Position von einer Frau, die einen Mann, Kinder und noch einen Haushalt zu versorgen hat, fast gar nicht bewältigt werden kann. In dieser engagierten Tätigkeit muß geradezu irgend etwas zurückstehen, sei es das Privatleben oder der Beruf. Beides läßt sich nicht vereinbaren.

Dieses Beispiel zeigt uns, daß das Alleinleben durchaus positive Seiten hat. Doch es sollte nicht dazu führen, daß aus der Einsamkeit heraus nun eine Berufskarriere gestartet werden muß. Auch ohne diesen Schritt kann das Alleinleben durchaus lebens- und liebenswert sein, wenn verhindert wird, daß Einsamkeit uns selbst zerstört.

Wir dürfen in jedem Zeitpunkt unseres Daseins den Glauben an das Leben selbst, an das Schöne und Gute, aber auch an Gott nicht verlieren. Der Glaube wird uns zwar nicht von Leid, Trübsal oder Einsamkeit befreien, er kann jedoch die Gewichte des Lebens umstellen und über das Irdische und im Materiellen Erfüllbare hinausweisen. Der Glaube kann Trost und Hilfe sein für den einsamen Menschen. Freude am Umgang mit den Mitmenschen sowie an der Natur, Unterhaltung durch Reisen in Gesellschaft werden für einige Zeit die Gefühle des Alleinseins verdrängen.

Selbst in der größten Einsamkeit müssen wir darauf bedacht sein, daß der Zustand nicht zur Verzweiflung führt. Einsamkeit bedeutet schon von sich aus den Verlust des Zugangs zum anderen, Ausschluß aus der Gemeinschaft, Absonderung. Wir erfahren die Isolierung, die uns von anderen abschließt. Jeder hat seine eigene Isolierung, die lähmend wirkt. Solange der Mensch eingebunden ist in eine Gemeinschaft, solange er Geborgenheit hatte in einer Großfamilie, in einer Sippe oder einer religiösen Gemeinschaft, lebte er in einer Einheit und Identität. Später identifizierte er sich mit seiner Familie, seiner Heimat und seinem Beruf. Diese Identität bricht zusammen, je mehr wir auf uns selbst gestellt sind und uns von dem lösen, an das wir einmal gebunden waren. Dies, zunächst als eine gewisse Freiheit angesehen, schließt uns von dem Teilsein am Ganzheitlichen aus. Es führt dazu, daß wir im Zustand der Vereinsamung Erwartung und Hoffnung verlieren. Scheinbar gibt es keine Zukunft mehr. Hier kann keine Gemeinschaft oder Gruppe helfen. Denn der Mensch muß als einzelner mit seinen Nöten und Sorgen, mit seinen Ängsten und seiner Ungeborgenheit angesprochen werden. Dafür muß er ein Du finden, das ihm Selbstsicherheit gibt und ihn versteht.

Und hierin liegt zweifellos der große schöpfungsgegebene Vorteil des Paares: Wenn der eine leidet, kann der andere ihn trösten. Nichts ist schlimmer, als allein in die Abgründe von Depressionen und Verzweiflung zu fallen und sich in eine Traurigkeit zu verstricken, aus der man allein nicht mehr herausfindet.

Darum ist es auch doppelt enttäuschend, wenn in einer vorhandenen Paarbeziehung eben diese gegenseitige Fürsorge nicht mehr geleistet wird. Untersuchungen haben ergeben: Das durchschnittliche Gespräch zwischen Partnern, die sechs Jahre verheiratet sind, dauert nur noch zirka neun Minuten pro Tag. Und die Inhalte sind oft auf die sogenannte »Pellkartoffel-, Bratkartoffel-, Spiegel- oder Rühreientscheidung« reduzierte Kommunikation. Wenn das wirkliche Interesse aneinander erlischt, höhlt sich die Paarbeziehung allmählich aus, und es geht dem Paar wie in Erich Kästners Gedicht:

Einsam bist du sehr alleine.
Aus der Wanduhr tropft die Zeit.
Stehst am Fenster. Starrst auf Steine.
Träumst von Liebe. Glaubst an keine.
Kennst das Leben. Weißt Bescheid.
Einsam bist du sehr alleine –
und am schlimmsten ist die Einsamkeit zu zweit.

Glück ist also weder hier noch dort garantiert – und dennoch bleibt die Sehnsucht nach einer erfüllten Gemeinsamkeit, einer glücklichen Du-Beziehung. Und so muß es wohl auch sein.

Die Voraussetzung, neue Partner zu finden, wird um so besser sein, je mehr man selbständig zu leben und sich selbst zu bejahen gelernt hat. Wer weinerlich und selbstmitleidig immer noch nach dem Prinzen sucht, der einen erlöst, oder nach der bergenden Mutter, die einen vor den Unbilden des Lebens schützt, trägt den Keim des Mißlingens schon in eine mögliche neue Beziehung hinein, sofern diese überhaupt zustande kommt. So gilt es das Paradox festzuhalten: Um für eine Partnerschaft geeignet zu sein, muß man selbständig leben können. Aber wenn man das kann – weshalb sollte man dann eine neue Partnerschaft anstreben? Ist das Leben allein dann nicht sogar vorzuziehen? Es enthebt zweifellos vieler Rücksichten und Reibungen, schenkt uns selige Stunden ungestörter Selbstbesinnung, Lektüre, Musikgenusses, zwanglosen Bummels und problemlosen Ausschlafens. Und dennoch suchen immer wieder Menschen in dieser Situation ihr Glück in neuen Beziehungen – gehalten zugleich von der gerade den modernen Menschen so tief prägenden Angst vor fester Bindung. Aber wer aus der Einsamkeit heraus möchte, darf nicht warten, sondern muß handeln.

Es gibt immer mehrere Möglichkeiten

Für einen solchen Entschluß und seine Verwirklichung stehen die verschiedensten Wege offen. Und nicht alle sind gangbar – eben weil oft eigene Ängste und Hemmungen den nächsten Schritt behindern. Das einzige, was oft klar vor Augen steht und deutlich von innen herausdrängt: Die trostlose Einsamkeit soll ein Ende haben.

Gabriele, 38, und Jürgen, 43, hatten sich vor einem halben Jahr im Urlaub am Oberrhein kennengelernt. An einem der wenigen Sommertage entschlossen sie sich – ohne sich schon zu kennen – gleichzeitig zu einem Ausflug mit dem Dampfer rheinabwärts nach Bonn. Die Kapelle spielte, der Rheinwein floß in Strömen. Sie tanzten, sangen und kamen sich näher – es war nach langer Zeit die erste heftige Verliebtheit, und zwar auf beiden Seiten. Beide hatten langjährige gescheiterte Partnerschaften hinter sich. Dazwischen lagen Jahre des Suchens und immer neuer Enttäuschung. Gabriele war in Robinson-Clubs gefahren und hatte verschiedene Partnerschaftsanzeigen aufgegeben. Jürgen hatte sein Glück in Nachtlokalen und Single-Clubs versucht und auf verschiedene Inserate geschrieben – alles ohne Erfolg. Beide waren in einem Stadium, in dem sie die Hoffnung aufgegeben hatten. Aber anstatt einfach zu resignieren und daheim zu versauern, wollten sie sich einmal richtig amüsieren. Die Kapelle heizte die Stimmung an, die Sonne schien, als hätte sie längst nach einer solchen Gelegenheit gesucht. Die Berge glitten sanft und erhaben an ihnen vorbei, und der Wein befeuerte einen Lebensmut in ihnen, der fast schon nicht mehr vorhanden war. So gerieten sie zunächst mit ihren Blicken aneinander, und bald wechselte Jürgen seinen Platz an ihre Seite. Sie war froh über diese Annäherung. Wer lange allein ist, ohne es eigentlich zu wollen, staut Gefühle der Sehnsucht nach Nähe und Berührung. Beide tanzten leidenschaftlich und verstanden sich auf dem Parkett sofort. Sich im Gespräch mehr als notdürftig zu verständigen, ließ die Lautstärke der weißuniformierten Schiffskapelle nicht zu, aber das war auch nicht nötig. Der Tag bot mehr an Glück und Harmonie, als nur irgend jemand von ihm erwartet hatte – vielleicht gerade deshalb.

Sie verabredeten sich das nächste Mal zu einer Wanderung auf dem Kühberg bei Koblenz, und wieder tat der Wein das Seinige, sie schnell einander näherzubringen – diesmal schon intimer. Er begleitete sie in ihre Wohnung, und sie trennten sich am Morgen. Dies wiederholte sich in lockeren Abständen.

Eines Tages stand die Frage zur Debatte, ob man sich nur am Wochenende sehen oder nicht näher zusammenziehen sollte, zumal beide in Koblenz beschäftigt waren, wenn sie auch über hundert Kilometer auseinander wohnten. Dieser Vorschlag kam von ihr, und auch erst, als beide schon viel getrunken hatten. Sie bemerkte ein leichtes Zukken in seinem Gesicht und kam nicht wieder darauf zurück. Nach Wochen griff er ihre Frage scheinbar beiläufig wieder auf, aber sie tat so, als ob sie sich nicht erinnere. So gingen wieder Wochen hin, in denen sie sich fast regelmäßig zum Wochenende trafen, ohne daß ihre Übereinstimmung und die Harmonie ihrer Beziehung darunter litten. Sie genossen den Sommer und den Herbst. Gelegentlich besuchte sie mit ihrem kleinen Auto auch ihn in seiner Wohnung, aber mehr als zwei Nächte hintereinander blieb keiner von ihnen. Zwischendurch in der Woche wurde noch ein- oder zweimal telefoniert. Sie waren froh, einen guten Freund gefunden zu haben. Gelegentlich flammte sogar Leidenschaft zwischen ihnen auf. Aber daß mehr daraus wurde, hinderte eine merkwürdige, schwer beschreibliche Scheu, und zwar in beiden.

Ihr saß die Ehe noch in den Knochen. Zwölf Jahre war sie mit einem aggressiven Alkoholiker verheiratet gewesen, ehe sie ausbrach, ohne wieder heimzukehren. Sie war nur froh, daß sie mit ihm keine Kinder hatte, und so ging alles scheinbar problemlos über die Bühne. Unterhalt brauchte und wollte sie nicht. Aber die Jahre der Enttäuschung, des Streits, der verbalen und gelegentlich tätlichen Angriffe verursachten ihr eine nachhaltige Empfindlichkeit gegen jedes Abhängigsein von einem anderen Menschen, vor allem von einem Mann. Zwanglose und oberflächliche Kontakte knüpfte sie leicht. Sie fühlte sich in ihrer Tätigkeit als Betriebskontoristin und im Umgang mit ihren Kolleginnen und Kollegen wohl. Im Urlaub blühte sie auf und hatte schnell die interessantesten Bekanntschaften. Aber mehr blieb nie und sollte wohl auch nicht bleiben. Sie tat alles, jede anhaltende Verbindung zu verhindern, und wunderte sich selbst, daß sie in Jürgens Fall so anders reagiert hatte. In ihre Wohnung war sonst – jedenfalls in der Nacht – so gut wie nie jemand eingelassen worden.

Jürgen, der als Abteilungsleiter arbeitete, war acht Jahre verheiratet gewesen. Drei Kinder blieben bei seiner Frau, und er mußte heute noch kräftig zahlen. Insofern war die Ehe für ihn nicht Vergangenheit. Er liebte seine Kinder und war auch von seiner Frau innerlich noch nicht frei. Er fühlte sich wie gescheitert, und das weibliche Geschlecht schien ihm gefährlich, ja bedrohlich zu sein. Verpflichtungen einzugehen konnte heißen, sehr rasch ausgenutzt und auf die Dauer als Goldesel mißbraucht zu werden. Auf keinen Fall wollte er sich auf neue Verpflichtungen einlassen. Und dennoch fehlte ihm etwas – einfach Wärme, Zuverlässigkeit, Stetigkeit und Geborgenheit.

Gabriele hatte diese Ausstrahlung von Wärme, auch wenn eigentlich die Gefühle nicht ungebremst zwischen ihnen hin und her fluteten. Da war schon vieles an Vorsicht und Skepsis. Der Vorzug lag immerhin darin, daß beide sehr behutsam und rücksichtsvoll miteinander umgingen. Aber man spürte auch die Vorbehalte und eine geheime Angst, sich zu verlieren und auf Dauer festzulegen.

Die Frage mit der Wohnung war vorerst ausgestanden und wurde von keinem wieder aufgegriffen. Wer sie zusammen sieht, kann sie für ein glückliches Paar halten. Niemand würde darauf kommen, daß sie im Grunde einsame Menschen sind, denen es an Mut zur Bindung fehlt. Auf ihre bescheidene Weise sind sie glücklich in ihrer Wochenendbeziehung. Niemand weiß, wie lange dies anhält – ob sie in ein paar Jahren noch auf der gleichen Ebene zusammenkommen und wieder auseinandergehen, oder ob sie irgendwann den Mut haben, ganz zusammenzuziehen und sich sogar in einer neuen Ehe zu binden.

Welches sind die Ursachen derartiger und heute gar nicht so seltener Bindungsscheu?

☐ Enttäuschte Partner aus gescheiterten Beziehungen bringen oft ein Bindungstrauma mit. Sie haben sich einmal ganz hingegeben und eingesetzt, wurden enttäuscht und möchten eine ähnlich schwere Enttäuschung für die Zukunft meiden. Insofern ist mit der hohen Zahl von Trennungen und Scheidungen die Verbreitung der Bindungsscheu allein schon erklärbar.

☐ Bindungsfähig sind Menschen, die von klein auf enge Beziehungen als fördernd und erfreulich erlebt haben: zum Beispiel Kinder, die in großen Familien und in einem zahlreichen Geschwisterkreis aufgewachsen sind. Mit dem Rückgang der Kinderzahlen hat sich auch die Zahl der Einzelkinder beachtlich vermehrt. Sie haben es schwerer, Bindungen einzugehen und durchzuhalten.

☐ Fast alle Beziehungen in unserem außerfamiliären Leben sind kündbar und die meisten kurzfristig und oberflächlich. Lebenslange Wohnheimat, Berufstätigkeit, Nachbarschaft, Kirchen- und Vereinsbindung gibt es nur noch für wenige Menschen. Vielmehr machen sie die Erfahrung wechselnder Kontakte, die naturgemäß Vorsicht erfordern.

☐ Der Anteil fremder Menschen in allen Lebensbereichen hat zugenommen. Dies macht größere Vorsicht und eine abwartende Haltung notwendig, zumal auch die Gefahr, hereingelegt und enttäuscht zu werden, mit der größeren Laxheit in moralischen, insbesondere sexuellen Dingen gewachsen ist. Weiß ich denn, wer der andere ist und wie ehrlich er es meint?

Was läßt sich in dieser Lage tun? Die Überwindung der Bindungsscheu ist an eine Reihe von Bedingungen geknüpft. Sie erfordert Entschlossenheit, Einsicht und Mut:

Liebe und Geborgenheit gibt es nicht ohne den Preis der Bindung. Wenn ich das eine will, muß ich bereit sein, das andere zu riskieren.

Mißtrauen ist zwar im allgemeinen gut, wenn es aber im besonderen keine Gründe und Anhaltspunkte gibt, ist Vertrauen besser. Und Vertrauen ist immer Vorschuß ohne Gegenleistung. Es braucht kein Auffangnetz und keine Beweismittel. Aber meistens zahlt es sich aus.

Wichtig ist es, Lähmung und Angst zu überwinden und sich nicht einfach ins Getto der Einsamkeit sperren oder in sie wie in ein Moorloch einsinken zu lassen. Und dafür gibt es immer viele neue Möglichkeiten:

Da baut sich eine Witwe mit drei Kindern, deren Mann durch einen Unfall ums Leben kam, mit der Lebensversicherung und einer Portion Mut für sich und die Kinder ein Haus, das sie mit deren Hilfe immer weiter ausgestaltet und verschönt. Sie weiß, daß dieses Vorhaben das Lebenswerk ihres verstorbenen Mannes für seine Familie war. So hat sie diese Aufgabe übernommen und will ihren Kindern dieses Werk nicht vorenthalten.

Da beginnt eine andere Mutter, deren erwachsene Kinder das Elternhaus bereits verlassen haben, einen neuen Beruf zu erlernen, in dem sie viel Kontakt zu anderen Menschen hat.

Ein arbeitslos gewordener Architekt fängt an, kreativ tätig zu werden. Er macht sein Hobby, die Malerei, zu seinem Beruf und kann bald sogar seinen Lebensunterhalt davon bestreiten.

Solche Beispiele zeigen, daß das Entscheidende die Entscheidung selbst ist. Krisen dürfen nicht überwältigen, sie müssen gemeistert und zum eigenen Wohle genutzt werden. Dazu ist es gut, sich ein festes Ziel zu stecken. Wahrscheinlich ist das Wissen wohin und das Dahinwollen der wichtigste Beweggrund. Wer sein Ziel eindringlich vor Augen hat und es ernst nimmt, erzeugt jene Spannung vom Soll- und Istzustand, die Leistung motiviert. Dann greift auch das Gefühl von erwartungsvoller, ungeduldiger Tatkraft und Einsatzfreude um sich.

Allerdings dürfen wir nicht versuchen, auf mehreren Hochzeiten gleichzeitig zu tanzen und alle Attraktionen des heutigen Lebens genießen zu wollen. Das ist ohnehin nicht möglich und führt nur in ausweglose Situationen, in denen sich bald nicht mehr erkennen läßt, was wichtig und was unwichtig ist. So richte man sein Leben auf Chancen aus und schöpfe aus ihnen neue Lebenshoffnung. Von der Vergangenheit sollte und muß man sich verabschieden und das Positive in der Gegenwart und Zukunft entdecken und bejahen lernen.

»Das war's«, dachte Bärbel und goß sich noch eine Tasse Kaffee ein. Vor einer Stunde wurde ihre Ehe mit Harald geschieden. Sie konnte es einfach nicht glauben. »Daß so etwas mir passieren mußte«, sagte sie zu sich selbst. Sie wußte selber nicht einmal, ob sie jetzt froh sein oder anfangen sollte zu heulen.

Dabei hatte alles so gut angefangen. Bärbel war achtzehn, Harald zweiundzwanzig, als sie sich trafen. Bei ihm war es Liebe auf den ersten Blick, bei ihr dauerte es etwas länger. Zwei Jahre später heirateten sie beide.

Wie alles kam, wer schuld am Scheitern der Ehe hatte, warum Harald sie betrogen hatte, darüber wollte Bärbel jetzt nicht mehr nachdenken. Das hatte sie in unzähligen schlaflosen Nächten bereits hinter sich gebracht. Das war jetzt auch gar nicht mehr wichtig, viel größere Sorgen bereiteten ihr die Zukunftspläne. Die Einöde, die langen Abende, niemand war da, wenn sie von der Arbeit heimkam. Wie verbrachte sie die Wochenenden allein? »In der Ehe ließ er mich doch auch schon so oft allein. Wie viele Abende bis spät in die Nacht hatte ich wachgelegen, auf ihn gewartet, der es eigentlich gar nicht wert war, daß noch jemand auf ihn wartete«, dachte sie. Dabei kam sie zu dem Ergebnis, daß sie erst jetzt aus ihrem Leben eine ganze Menge machen konnte.

In dieser Situation ist es zunächst einmal wichtig, der Realität ins Auge zu sehen. Es genügt noch lange nicht, zu vermerken, daß man ab jetzt allein lebt und alles auf sich zukommen läßt. Vielmehr sollte man aus dieser Tatsache das Beste zu machen versuchen. Zugegeben, das ist oft leichter gesagt als getan, aber wie viele Frauen haben in ihrer Ehe im Schatten ihres Mannes gestanden. Sie müssen erst lernen, selbst »ihren Mann« zu stehen. Dazu muß man aber nicht sein ganzes Leben total umkrempeln.

Der Zeitpunkt, zu dem die Keimlinge unter dem Schnee beginnen, Blüten zu treiben und Früchte zu tragen, ist gekommen, wenn Berichte über wiederentdeckte Fähigkeiten, Stärke und Selbständigkeit häufiger werden.

»Ich habe mir ein Auto gekauft«, berichtet eine vierzig-jährige Frau, die seit einem Vierteljahr geschieden ist. Das mag für viele Menschen nichts Besonderes sein, aber für diese Frau ist eine solche Anschaffung in ihrer Ehe natür-lich stets »Männersache« gewesen. Niemals wäre ihr Mann darauf gekommen, sie beim Autokauf um ihre Meinung zu fragen. Darum ist diese Sache ein großer Schritt in Rich-tung Selbständigkeit für sie.

Eine andere geschiedene Mutter mit zwei Kindern be-richtet von ihrer Eigenständigkeit folgendes: »In den er-sten Monaten nach meiner Trennung war ich völlig hilflos. Mein Mann hatte in unserer Ehe stets alles für uns auf seine Weise geregelt. Es war, als schlüge alles über meinem Kopf zusammen, so sehr ich mich auch bemühte. Ich glaube, ich hatte zuwenig gelernt, war zu passiv gewesen und auch zu unsicher, um jemals als alleinstehende Frau bestehen zu können. Mein Leben kam mir vor wie ein Kampf, in dem ich immer der Verlierer war. Als ich dann plötzlich mit den Kindern allein war, blieb mir nichts anderes übrig, als mein Leben und mich zu ändern. Nachdem ich für uns eine kleine Wohnung gefunden und auch noch den Umzug al-lein bewältigt hatte, war ich überglücklich und sehr stolz auf mich. Als nächstes besuchte ich Abendkurse, um eine Stellung zu bekommen, in der ich genug verdiente, um meine finanzielle Situation einigermaßen bewältigen zu können. Ich habe inzwischen einen neuen Partner gefun-den, mit dem ich zusammenlebe. Wir könnten von ihm fi-nanziell versorgt werden, doch meine Eigenständigkeit lasse ich mir nicht mehr nehmen. Ich habe mein Leben zu meinen Gunsten verändern können, den Familienstand, die Wohnungssuche sowie meine beruflichen und finan-ziellen Probleme gemeistert. Diese Veränderung hat oft große Belastungen mit sich gebracht, aber es hat sich ge-lohnt. Meine Unsicherheit, die mich in meiner Ehe stets belastet hatte, ist verschwunden, und ich fühle mich neben Bernd, meinem neuen Freund, als gleichwertige Partnerin.«

Würden doch alle alleinlebenden Menschen ihre inneren Reserven erkennen, auf die sie bauen können. Wieviel mehr Selbstvertrauen würden sie uns geben. Viele Menschen haben leider eine so negative Einstellung zu sich selbst, daß sie am Ende nicht das sehen, was sie geschafft haben, sondern nur das, was sie noch nicht erledigt haben.

Die wichtigste innere Quelle, die einem zur Verfügung steht, ist die eigene Vergangenheit und wie sie bewältigt wurde, wie man mit den kleinen und großen Problemen, die an das Leben gestellt worden sind, fertig geworden ist. Die Fähigkeit, sich selbst zu behaupten, sich selbst geradeaus, aufrichtig, spontan und wirkungsvoll zum Ausdruck zu bringen, ist in jeder Situation, der man als Geschiedener gegenübersteht, lebenswichtig, sei es beim Aufbau einer neuen beruflichen Karriere, beim Anfreunden mit anderen Menschen und sich selber, beim Umgang mit den Kindern oder dergleichen.

Nun leiden ja bekanntlich nicht nur Frauen unter der Scheidung oder Trennung von einem Partner, sondern auch Männern kann es unter die Haut gehen. Hans, ein zweiundvierzigjähriger Mann, der seit einem Jahr geschieden war, schildert seine Erfahrungen so: »Letzte Woche schlenderte ich so durch die Einkaufsstraße in unserer Stadt und war ziemlich deprimiert, weil das Osterfest bevorstand, das ich zum ersten Mal allein verbrachte. In einem Haushaltsgeschäft entdeckte ich eine Espressomaschine im Schaufenster. Seit Jahren schon habe ich mir so ein Ding gewünscht, aber meine Frau war stets dagegen gewesen. Warum eigentlich nicht, sagte ich mir und kaufte sie kurzerhand. Als ich zu Hause war, beschloß ich, sie richtig einzuweihen, und lud ein paar Leute aus dem Haus ein. Daraus wurde eine riesige Party, weil manche noch andere Leute mitbrachten. Seit einigen Monaten wohne ich nun schon in diesem Junggesellen-Apartmenthaus und hatte bisher keinen der Bewohner kennengelernt. Nun stellte sich heraus, daß einige von ihnen recht interessante Leute waren. Die meisten von ihnen sind sogar geschieden wie ich. Nächsten Samstag gehe ich mit einer Frau aus, die ich an diesem Abend kennengelernt habe.«

Durch den Kauf der Espressomaschine fing Hans wieder an, als alleinstehender Mensch zu denken, zu fühlen und zu handeln. Diese Veränderungen gehen oftmals nur langsam vor sich, so daß man manchmal eine Art äußerliches Symbol braucht, um zu wissen, daß sie überhaupt stattfinden. Wenn es aber gelungen ist, eine Wende im Leben anzustreben, kann man schon mit Genugtuung feststellen, welcher Unterschied zwischen dem unglücklichen halbierten Menschen besteht, der nach einer Trennung leidend durch die Welt geht, und der zuversichtlichen und unabhängigen Persönlichkeit, zu der man sich nun entwickkelt.

Es ist manchmal, als wenn man mit dem Auto eine Strecke fährt, sich umschaut und dann sieht, was man hinter sich gelassen hat und wie weit man selbst schon vorangekommen ist. Auch wer das Ziel noch nicht erreicht hat, ist doch schon ein Stück seiner persönlichen Entfaltung nähergekommen.

Eine geschiedene Frau formulierte das ganz treffend: »Kurz nach der Scheidung kam ich mir vor, als wenn ich zwischen Himmel und Erde schwebte. Als ich dann wieder zu mir selbst gefunden hatte, war es, als wenn ich wieder festen Boden unter den Füßen hatte.«

Die Realitäten stellen wirklich oft eine Herausforderung dar: Einen neuen Beruf anpeilen, mit einem veränderten Einkommen zurechtkommen, mit häuslichen Pflichten und beruflicher Karriere jonglieren, die Kinder allein erziehen und sich noch Zeit für ein neues, geselliges Leben schaffen – das sind alles Herausforderungen, die unsere vollen Anstrengungen erfordern. Dabei darf man aber nie vergessen, daß man sich auf dem Weg des schrittweisen Erfolges auch ein paar Freunde gönnen sollte, sonst kann es leicht sein, daß man meint, in einer nie endenden Tretmühle zu versinken.

Neue Partnerschaft wagen? Diese Frage stellen sich die meisten Geschiedenen, die eine enttäuschte Partnerschaft oder Ehe hinter sich gebracht haben, und solche, die vom Leben enttäuscht sind oder sich vom Glück vergessen glauben.

So erging es Elke. Nach der Scheidung hatte sie einige Bekanntschaften hinter sich, die wie ein Strohfeuer nach kurzer Zeit erloschen. Bei einer Party lernte sie dann Bernd kennen. Er fiel ihr schon durch seine äußere Erscheinung auf, doch hatte sie sich geschworen, sich durch Äußerlichkeiten nicht mehr beirren zu lassen. »Nein, hinter der schönen Fassade verbirgt sich ein oberflächlicher Charakter«, dachte sie bei sich, als er sie für den nächsten Tag einladen wollte. Irgend etwas sträubte sich gegen diesen Mann, aber dann siegte doch sein Charme, und sie gab endlich nach. So willigte sie dann auch nach einigem Zögern ein, als er sie in ein Restaurant einlud.

Später, als Elke wieder in ihrer Wohnung war, überschlugen sich ihre Gedanken förmlich. »Ich glaube, dieses Mal hat es mich wirklich erwischt«, mußte sie sich eingestehen. Auf der einen Seite fühlte sie sich auf Wolken schwebend, auf der anderen hörte sie immer wieder die mahnende Stimme der Vernunft in sich, die gegen voreilige Schritte propagierte.

So geht es unzähligen Menschen in solchen Situationen, wenn sie eine neue Partnerschaft eingehen. Natürlich kann man nicht beim ersten Zusammentreffen in einen Menschen hineinschauen. Aber darum ist es ja gerade wichtig, ihn wiederzusehen, um ihn näher kennenzulernen.

Wer nun Angst hat, sich an den erstbesten zu verlieren, muß zunächst einmal lernen, sich selbst zu bejahen. Wer weinerlich und selbstmitleidig stets auf den Prinzen wartet, der ihn erlösen soll, bringt keine gute Voraussetzung für eine neue Bindung. Oftmals kommt aus diesem Grund auch erst gar keine neue zustande.

Fragen wir uns doch einmal: »Wie selbständig bin ich?« Das gilt gerade für Frauen, denen in der Ehe alle Entscheidungen vom Ehemann abgenommen worden sind. Sie suchen in ihrem neuen Partner nun jemanden, der sie wieder beschützt und sie vor den Unbilden des Lebens bewahrt. Wenn man aber mit beiden Beinen fest im Leben steht und eventuell auch ohne Partner in allen Lebenslagen zurechtkommt, kann man ihn dies auch ruhig spüren lassen und sich dennoch dankbar zeigen, wenn er für einen da ist.

Nun werden viele sagen, dies sei ja ein Widerspruch. Um für eine Partnerschaft geeignet zu sein, solle man selbständig leben können? Ist es da nicht besser, allein zu bleiben? Man kann tun und lassen, was einem gefällt, am Wochenende ausschlafen, es ist niemand da, der pünktlich seine Mahlzeiten verlangt. Und trotzdem möchte niemand allein bleiben, denn gegen die Einsamkeit wiegen diese Vorteile nicht auf. Gerade wenn man allein lebt, stellt man sich doch vor, daß viele Unternehmungen zu zweit viel reizvoller sind. Außerdem möchte einer gerne für den anderen sorgen, seine Probleme mit ihm teilen und für jemanden dasein in guten und in bösen Zeiten.

Natürlich gibt es heute eine Unzahl von »Partnermärkten«. Für junge Leute bieten sich Diskotheken an, und viele wissen nicht, wo sie sonst ihre Zeit am Abend verbringen sollen. Aber wenn ein Mann oder eine Frau mittleren Alters in eine Diskothek ginge, würden sie dort wohl kaum den richtigen Partner finden.

Ganz anders sieht es da schon in einem Tanzlokal für die ältere Jugend aus. Helmut, ein achtunddreißigjähriger geschiedener Angestellter, sucht seit einiger Zeit dort sein Glück. In diesem Tanzcafé ist er unter Gleichaltrigen und fühlt sich hier auch recht wohl. Wenn er die Damen beobachtet – die einen haben sich verjüngt zurechtgemacht, andere wieder etwas zu aufreizend –, so hofft er, daß er hier die richtige finden wird. Wo auch sonst? Ein Eheinstitut mag er nicht beauftragen. Als er sich nach den Kosten erkundigte, die auch ohne Garantie einer festen Bindung gezahlt werden müssen, hatte Helmut diesen Gedanken rasch wieder aufgegeben und sich lieber selbst auf die Suche nach einer neuen Partnerin begeben. Hier konnte er – hoffentlich heiratswillige – Damen auffordern und sich persönlich besser ein Bild von ihnen machen. Anschließend lud er sie zu einem Drink an der Bar ein, und wenn sie sich gefielen, verabredeten sie sich für den nächsten Tag.

Andere Menschen versuchen ihr Glück in einer Anzeige der Tages-, Wochen- oder Monatszeitschriften, wie es zum Beispiel Annette tat.

Annette ist fünfunddreißig Jahre alt und arbeitet in einer Buchhandlung. Ein stiller, häuslicher Typ, etwas schwierig. So tüchtig sie auch in ihrem Beruf ist, im Leben fehlt ihr viel Selbstvertrauen. Eine graue Maus mit einer zu ordentlichen Frisur, das ist stets ihr Markenzeichen. Alle Versuche, einen geeigneten Partner zu finden, schlugen bisher fehl. Mal scheiterte es an der unterschiedlichen Lebensauffassung, ein anderes Mal an der Bildung, die Annette voraus hat. Wer will auch schon eine Frau heiraten, der er das Wasser nicht reichen kann? Sie wußte um ihre Fehler, konnte aber nichts dagegen tun und war deshalb oft verzweifelt, wenn sie andere Paare engumschlungen an sich vorübergehen sah. So versuchte sie ihr Glück mit einer Anzeige in der Zeitung, da sie sich in ihrem Alter in eine Diskothek nicht mehr getraute. Sie begann die Anzeige ganz verheißungsvoll mit: »Ich suche Dich«, und dann kam, was sie war, wie alt und was sie suchte. Es kostete 180 Mark und brachte ihr zehn Briefe ein. Bis auf drei beantwortete sie sie, und es kamen auch Kontakte zustande.

Na ja, der eine wohnte dann aber zu weit weg, hatte dort ein Geschäft, das er nicht aufgeben wollte, und Annette ihrerseits wollte nicht in eine andere Stadt ziehen. Ein anderer war ohne feste Anstellung, und als sie ihn näher kennenlernte, zeigte es sich, daß sie für ihn den Lebensunterhalt hätte bestreiten müssen.

Das Beispiel von Annette ist kein Einzelfall. Wenn jemand durch eine Anzeige in einer Zeitschrift eine Bekanntschaft sucht, hat er oft schon mehrere Enttäuschungen hinter sich. Viele Menschen sehen darin die letzte Möglichkeit, einen Partner zu finden, sei es, weil sie zu schüchtern sind, jemanden anzusprechen, oder aber in Worten besser auszudrücken vermögen, was ihnen unter vier Augen schwerfällt. Aber wenn es doch den Aufgebern einer Anzeige so ergeht, dann müßte es denen, die auf eine Anzeige schreiben, genauso ergehen, sonst würden sie wohl kaum antworten. Wie kommt es dann, daß oft feste Bindungen ausbleiben? Das liegt wohl daran, daß sich ein Alleinlebender einen eigenen Lebensstil angeeignet hat. Da er oft bereits über Jahre allein gelebt hat, wird er unsicher und kritischer. Enttäuschungen sollen vermieden werden. Unmerklich kommt die Gefahr, überängstlich zu werden und in jedem nur das Negative zu sehen. Zudem lebt er unregelmäßig, fühlt sich von der Umwelt benachteiligt und wird deshalb oft ungerecht. Das alles führt dazu, daß vielfach das Gute übersehen wird.

In eine so ungeordnete Welt einzubrechen ist für jemanden sehr schwer, zumal, wenn er ähnlich empfindet. Wenn die Partnerwahl dann auch noch beim ersten und zweiten Versuch fehlschlägt, wird zu schnell das Handtuch geworfen.

Es gibt genug Möglichkeiten, einen Partner zu finden, es liegt wirklich oft an den Menschen selbst, die einen suchen, weil sie andere Menschen zu schnell falsch einschätzen. Wir sollten anderen die Chance geben, die auch wir erhalten möchten. Wir sollten nicht gleich zuviel Verständnis von jemandem verlangen, der oft lange Zeit ebenfalls wie wir allein gelebt und um sich eine unsichtbare Mauer gezogen hat, die es zu durchbrechen gilt.

Es ist oft ein Auf und Ab, bis sich das Glück einstellt. Hier werden einige Beispiele gezeigt, wie man sein Glück versuchen kann. Aber wie steht es mit den Eheinstituten?

»Außer Spesen nichts gewesen«, sagt Sybille, eine Frau von Mitte Vierzig über ein Eheanbahnungsinstitut. »In meinem Alter geht man doch nicht mehr in eine Diskothek, und zufällig läuft einem auch niemand in die Arme.«

Eines Tages fand sie eine Postwurfsendung in ihrem Briefkasten. Es handelte sich dabei um ein Angebot des Heiratsinstituts »Traute Zweisamkeit«. »Vielleicht ist es ein Wink des Schicksals«, dachte Sybille bei sich und füllte einen beiliegenden Fragebogen aus. Daraufhin bekam sie einige Fotos von heiratswilligen Herren zugesandt, unter denen sie die für sie in Frage kommenden Herren ankreuzen sollte. Sie tat es und erhielt eine Zahlkarte mit der Aufforderung, einen Vorschußbetrag von 1800 Mark an das Institut zu leisten. Nach Zahlung dieser Summe würden ihr die Anschriften der ausgewählten Herren zugesandt werden.

Sybille war sprachlos. »Das darf doch nicht wahr sein. Das ist nur Geschäftemacherei«, erboste sie sich bei einer

Freundin. »Wenn sie nun doch nicht für mich in Frage kommen oder vielleicht gar nicht existieren, habe ich das ganze Geld zum Fenster hinausgeworfen.« Sie fühlte sich hereingelegt und weigerte sich, diesen Betrag zu zahlen. Es kam zu einem weiteren Briefwechsel. Als ihr dann zur Zahlung eine Frist gesetzt wurde, wenigstens für die bisher entstandenen Unkosten einen einmaligen Betrag in Höhe von 850 Mark zu leisten, übergab sie das Schreiben ihrem Rechtsanwalt. Als dieser einen Brief an das Eheinstitut schrieb, hörte Sybille nichts mehr von dort. Jetzt war sie zwar immer noch allein, aber um eine Erfahrung reicher, jedenfalls hatte sie ihr Geld nicht sinnlos ausgegeben.

Sybille ist kein Einzelfall, wie der von Hans, einem ebenfalls reiferen Junggesellen, beweist.

»Nach einem Briefwechsel rief mich der Vermittler an und bat um einen Termin«, erzählt Hans. »Das Institut ist nicht weit von meiner Wohnung entfernt, und ich erschien pünktlich. Ich erzählte ihm, welche Tätigkeit ich ausübe, meine Freizeitbeschäftigungen und welche Vorstellungen ich von meiner zukünftigen Partnerin habe. Daraufhin sagte er mir, daß er mich anrufen wolle, wenn er etwas Passendes für mich gefunden habe. Das tat er dann auch. Nach einer Woche rief er an und meinte, daß ich ein schwieriger Fall sei und er sich echt habe bemühen müssen. Wenn ich ihm 1200 Mark gezahlt habe, würde er mich der Dame, die er für mich ausfindig gemacht hat, vorstellen. Ich habe dankend abgelehnt.«

Trotzdem gab Hans nicht auf. Er wußte selbst nicht genau, ob es Neugierde war. Ist dies ein Einzelfall, oder sind andere Eheanbahnungsinstitute genauso geldgierig, wollte Hans herausfinden. Beim zweiten Versuch wurde er noch mehr enttäuscht. Dieses Institut betrieb ein Ehepaar. »Bevor sie überhaupt für mich tätig wurden, verlangten sie eine Zahlung von 2000 Mark. Mehr gibt es über dieses Institut nicht zu berichten, denn auch diesen Fall betrachte ich für abgeschlossen.«

Im nächsten wurde versucht, Hans durch eine Computervermittlung zu einer Partnerin zu verhelfen. »Mit einem Betrag von 80 Mark, den ich eigentlich ganz akzeptabel fand, war ich mit im Spiel, wie man sich dort ausdrückt. Acht Anschriften spuckte der Computer für mich aus, doch was mir nicht gefiel, war, daß ich meine Daten exakt angeben mußte, während ich von den Damen nur allgemeine Angaben erhielt. Zudem handelte es sich um Anschriften vom Norden bis zum Süden, eben aus dem ganzen Bundesgebiet. Aus meiner Nähe war niemand dabei. Hatte es da überhaupt einen Sinn, einen näheren Versuch zu starten? Wenn ich mit allen mir angegebenen Damen einen Briefwechsel aufnahm, würde ich zwar wohl eine Antwort erhalten, aber die Entfernung würde einen näheren Kontakt sicher nicht zustande kommen lassen. Im Grunde war die Sache mit dem Computer nicht schlecht, schon aus dem Grund, weil sie preislich weit unter den anderen Heiratsinstituten lag, doch nichts für mich, denn Briefe schreiben liegt mir nicht, und in alle Himmelsrichtungen telefonieren, das sah ich auch nicht ein.«

Von seinem letzten Versuch will Hans noch berichten. Dort traf er auf einen Herrn, der mit Video arbeitete. Die Methode ist gleich viel ansprechender, als sich nur Fotos anzusehen, auf denen sich die Damen ja doch nur von ihrer schönsten Seite zeigen. Hier lernt man sie schon ein Stück näher kennen. Er kam auch zu Hans nach Hause, weil er von ihm auch eine Video-Aufnahme fertigen wollte. »Dieser Mann gab sich echte Mühe. Bald darauf hatte er auch eine passende Dame für mich gefunden, die auch mich auf dem Bildschirm gesehen und akzeptiert hatte. Nach einem Treffen im Institut lernten wir uns näher kennen.«

Hans hatte also eine Partnerin gefunden, aber erst nach

dem vierten Anlauf. Wer macht schon so viele Versuche, wenn er sein Geld bereits beim ersten entschwinden sieht? Die Ehevermittlungsinstitute behaupten ja bekanntlich von sich, jedem fünften Bundesbürger geholfen zu haben. Nachforschungen haben jedoch ergeben, daß nur jede fünfzigste Ehe über sie zustande gekommen ist. Die Meinung über »Ehemakler«, wie sie vom Gesetz bezeichnet werden, sei dahingestellt, jedenfalls beweisen die Zahlen, daß die meisten Ehen ohne deren Hilfe geschlossen wurden. Sicher würden sich viel mehr Menschen an ein Ehevermittlungsinstitut wenden, wenn die Kosten geringer gehalten würden. Wer will schon die Katze im Sack kaufen, und tatsächlich ist es doch so, wenn man bedenkt, daß bereits vor dem Kennenlernen eines Partners oftmals 1000 Mark und mehr entrichtet werden müssen. Da ist es nur zu verständlich, wenn heiratswillige Menschen lieber auf andere, kostengünstigere Gelegenheiten zurückgreifen. Außerdem kommt noch dazu, daß beide glauben, sich »gekauft« zu haben, wenn eine Partnerschaft zustande kommt. Viele Menschen meinen darum, diese Ehe müßte unter allen Umständen aufrechterhalten werden, weil beide ja so viel – es kommen bis zum endgültigen Zusammenkommen oft mehrere tausend Mark zusammen – bezahlt haben.

Ein Partner ist nun mal kein Gegenstand, der auch allen Anforderungen immer gerecht werden muß, wie zum Beispiel ein Auto oder eine Maschine. Deshalb ist auch die Gewähr nicht gegeben, daß eine Ehe, die durch ein Vermittlungsinstitut, und wenn sie noch so viel Geld gekostet hat, zustande gekommen ist, ewig halten muß.

Einige behaupten sogar, das Eheinstitut sei heutzutage so gut wie gestorben. Was früher ging, geht heute nicht mehr. Unsere Welt hat sich verändert und ist »instabiler« geworden. Das gilt sowohl im privaten Bereich als auch für

Kultur, Wirtschaft und Politik. Es gibt keine Sicherheit mehr. Pessimismus macht sich breit. Alleinstehende suchen und finden heute vermehrt andere Möglichkeiten des Sich-Kennenlernens, der Partnersuche und des Zusammenlebens. Trotzdem nimmt die Einsamkeit nicht ab, sie wird immer fataler. Es gibt zu viele Kleinunternehmen für Partnerschaften, die sich verzweifelt um Kunden bemühen. Sie arbeiten begrenzt, sind an das Vertretungsgebiet der Zeitungen gebunden. Die großen gehen zu allzu hohen Honoraren über. Da werden Vermittlungen mit Darlehensverträgen gekoppelt, und das kann nur Ärger geben.

Karin betrachtet die von ihr aufgeschlagene Seite mit den Anzeigen heiratswilliger oder partnersuchender Damen und Herren sorgfältig. »Genug Angebote stehen ja in der Zeitung«, denkt sie.

Mit ihren neunundzwanzig Jahren war sie nach einigen erfolglosen Versuchen, einen lieben Partner an ihrer Seite zu finden, immer noch allein geblieben. So hatte sie sich entschlossen, einmal die Angebote in Zeitschriften zu studieren, »denn die dort schreiben, haben ja ebenfalls das gleiche Problem wie ich«, sagte sich Karin.

»Dreißigjähriger Er, selbständig, sucht auf diesem Wege eine nette Sie. Ich bin groß, schlank, sportlich und nicht ganz häßlich. Ein Versuch lohnt sich!« So und ähnlich lauten die meisten Anzeigen in der Zeitung. Einige sind auch mit lockeren Sprüchen versehen, wie Karin feststellte. »Kater Joschi sucht für sein Herrchen ein liebes Frauchen. Sein Hobby ist Segeln. Daten: 34/1,70/70 kg, ledig und blond. Über Deinen Anruf würden wir uns beide freuen.« »Vierzigjähriger Kaufmann, alles normal (Größe, Kleidung, Geldbeutel), geschieden, sucht die passende Partnerin, bei der ebenfalls alles normal sein sollte.«

Bei der Vielzahl der Angebote ist es natürlich sehr schwer, die richtigen auszuwählen. Was steckt hinter den eher lustigen Anzeigen? Sind das auch lustige Herren, oder sind sie ernst, und ihnen hat jemand bei der Auswahl des Textes geholfen?

Karin hat einige der für sie in Frage kommenden Anzeigen angekreuzt. Es handelte sich dabei um eine seriöse und um eine Anzeige, die lockerer Art war. »Was passiert, wenn ich micht jetzt daraufhin melde? Vielleicht setzen manche Männer nur eine Anzeige in die Zeitung, weil sie eine Wette verloren haben oder ähnliches. Mancher möchte sich einen Spaß machen und macht sich dann noch lustig über meinen Brief.« Trotzdem entschloß sie sich zu schreiben. Doch wie beginnt man einen solchen Brief? Die Spalten der Anzeigen sind dünn gesät. Jeder will aus Kostengründen nur das Nötigste angeben. Vorerst reicht es ja wohl auch, und wer sich für die eine oder andere Annonce näher interessiert, kann um nähere Angaben bitten. »Soll ich gleich ein Bild von mir beilegen? Nein, lieber nicht. Zuerst einmal vorsichtig herantasten. Hat es überhaupt einen Sinn, auf eine solche Anzeige zu schreiben?« Diese Gedanken beschäftigten Karin eine ganze Weile.

Diese Frage stellen sich sicher viele heiratswillige Menschen. Abgesehen von denjenigen, die wirklich nur so zum Spaß in einer Zeitung inserieren, und das sind wenige, wird doch der heiratswillige Teil direkt angesprochen. Der Aufgeber hat das gleiche Problem wie derjenige, der sich für die Annonce interessiert, das unterscheidet ihn schon von anderen Flirts, die man hin und wieder mit anderen Partnern hat.

Ob diese Anzeigen zu einer festen Bindung zwischen zwei Menschen führen werden, weiß natürlich niemand, das muß sich erst herausstellen. Auf jeden Fall aber ist es kostengünstiger – eine Briefmarke zu einer Mark wird wohl jeder erübrigen können –, als durch ein Eheanbahnungsinstitut einen Partner zu finden. Zudem können bei dieser Gelegenheit gleich beide Partner direkten Kontakt aufnehmen, ohne daß ein Vermittler tätig wird. Der Kontakt kommt schneller zustande, weil er auf direktem Wege beginnen kann. Man schreibt, telefoniert und verabredet sich zu einem Treffen.

Wenn nun alles so einfach ist, warum wenden sich immer noch so viele Menschen an ein Eheinstitut? Der Grund besteht wohl darin, daß sie mehr über den anderen Partner erfahren wollen, bevor sie ihm schreiben oder ihn anrufen. Andere wiederum sind zu gehemmt, um sich bei ihm zu melden. Vermittler sollen dann die Paare zusammenführen. Doch vielleicht verspricht man sich von einem Vermittler zuviel, dessen Aufgabe es nur ist, einen Partner vorzuschlagen.

Man nehme also sein Glück selbst in die Hand und fasse sich ein Herz! Man schreibe ruhig einmal auf das eine oder andere Angebot. Sollte einem der Partner bei der ersten Begegnung nicht zusagen, sei es im Äußeren oder aus anderen Gründen, kann man weiteren Kontakt dankend ablehnen. Und das ist hier einfacher, weil man sich zu keiner Zahlung verpflichtet hat.

Kurt, ein fünfunddreißigjähriger Beamter, versuchte ebenfalls, auf diesem Weg eine neue Beziehung zu knüpfen. Seit seiner Scheidung vor vier Jahren hatte er einige Bekanntschaften, doch sie alle verliefen nach einiger Zeit im Sande. »Es ist wohl nicht ganz leicht, mit mir auszukommen«, mußte Kurt sich eingestehen. Hatte seine geschiedene Frau etwa recht gehabt, als sie ihm vorhielt, daß ihm niemand etwas recht machen konnte? Freilich, als Beamter war er sehr genau in allen Dingen. Das hatte sich auch auf die eheliche und häusliche Gemeinschaft übertragen. Jetzt, wo er mit seiner peinlich genauen Art auch andere Frauen verloren hatte, mußte er sich auch ein wenig Schuld am Scheitern seiner Ehe geben.

So suchte er also unter den Anzeigen der hiesigen und weiter entfernten Zeitungen einige heraus, die ihm zusagten. Seriös mußten sie sein, das war ihm sofort klar. Er überlegte, daß diese Menschen bestimmt auch problematisch sind, da sie sonst nicht mit einer Anzeige, sondern auf »normalem Wege« einen Partner suchen würden. Der erste Versuch scheiterte, als er eine Frau in ein Café zum Treff bat. Nein, die hatte Kurt sich anders vorgestellt. Sie würde seinen Ansprüchen nicht gerecht werden. Der zweiten Heiratskandidatin gefiel Kurt trotz seiner Fehler. Sie trafen sich öfter, doch als Kurt sie besuchen wollte, gestand sie ihm, daß sie noch nicht geschieden sei. Ihr Mann würde sie nicht freigeben. Somit platzte auch diese Bekanntschaft.

Aber Kurt wollte die Auswahl haben und hatte auf mehrere Anzeigen geschrieben. Auch mit der dritten Dame kam es erst zu einem Briefwechsel, sie telefonierten, und schließlich wurde ein Treffen verabredet. Kurt fand eine gepflegte Erscheinung vor. Beide verbrachten einen angenehmen Sonntagnachmittag. Er konnte kaum das nächste Wochenende abwarten, an dem er sie wiedersah. Als sie erschien, glaubte er seinen Augen nicht zu trauen, ein kleines Mädchen hielt sie an der Hand. »Ich kann dir nicht verschweigen, daß ich geschieden bin und ein Kind habe«, sagte sie kleinlaut. »Hätte ich es gleich gesagt, wärst du sicher nicht mehr gekommen, das habe ich schon öfter erlebt.« Kurt nahm sie in seine Arme, und heute sind sie glücklich verheiratet. Die kleine Ines ist sein ganzer Stolz.

Immer wieder kommen Partnerschaften zustande, und zwar durch Anzeigen, das ist statistisch erwiesen. Man sollte es einmal probieren und auf eine Anzeige antworten, denn dem Glück muß manchmal ein wenig nachgeholfen werden. Dem Menschen, der die Anzeige aufgab, ist es sicher auch nicht leichtgefallen, sie in die Zeitung zu setzen.

»Warum eigentlich nicht«, sagte sich Gisela. »Bestimmt sind schon viele Partnerschaften oder auch Ehen durch eine Anzeige in der Zeitschrift zustande gekommen.« So las sie die Spalten für die Bekanntschaften immer wieder. »Welcher Typ für mich in Frage kommt? Etwas lustig sollte der Text schon sein. Wie wäre es mit: Natürliche Frau, dreißig Jahre, mit positivem Denken, sucht sympathischen ›Ihn‹ für gemeinsame Aktivitäten.« Nein, das war nichts. Gisela knüllte das Papier zusammen. Etwas Besonderes sollte der Text werden, etwas, das sogleich ins Auge sprang. »Kleiner Schmetterling, weiblich, dreißig Jahre, sucht Käfer. Bild wäre schön.« »Zu albern«, schoß es ihr gleich darauf durch den Kopf. Auch diese Idee verwarf sie wieder. Nach langem Hin und Her hatte sie sich einen passenden Text einfallen lassen: »Da es so viele Dinge gibt, die zu zweit viel mehr Spaß machen, suche ich, weiblich, 30/174, einen kameradschaftlichen, zärtlichen Partner. Magst Du gute Musik, gemeinsames Kochen, Klönen und anderes mehr, so schreibe doch einfach. Ich freue mich darauf, Dich kennenzulernen.« Bei näherem Betrachten fand sie diese Anzeige ganz passend und vielversprechend.

Insgeheim werden heute von vielen Menschen Anzeigen zur Partnersuche belächelt. Manchen von uns ist es vielleicht auch schon so ergangen, aber Alleinlebende sind heute nicht mehr nur jene, die »keinen abgekriegt« haben. Im Gegenteil. Umfragen über »Singles« haben ergeben, daß es sich meist um Leute mit qualifizierter Berufsausbildung handelt. Sie leben in einer gemütlichen Wohnung, reisen gern, pflegen viele Interessen, finden aber andererseits auch kaum Kontakt zu Gleichgesinnten, die sich binden wollen.

Auch Alleinlebende, die darauf hoffen, auf Reisen den richtigen Partner zu finden, werden ernüchtert feststellen, daß solche Kontakte nur an der Oberfläche bleiben.

Während Heiratswillige bei gewerblichen Vermittlern in manchen Fällen ein kleines Vermögen investieren müssen, sind die Kosten bei der Katholischen Eheanbahnung in Köln, einer Abteilung der Katholischen Beratungsstelle für Ehe-, Familien- und Lebensfragen e. V, äußerst gering. Der Klient bezahlt zunächst für ein Jahr 100 Mark, für jedes weitere nur noch 50 Mark. Wer die Vermittlung beenden möchte, braucht dies nur kurz mitzuteilen. Es gibt also keine »Kündigungsfristen« wie bei manchen gewerblichen Instituten.

Der Weg ist einfach und diskret: Der Klient ruft in Köln unter der Nummer 02 21/23 90 71 an und vereinbart einen Gesprächstermin mit der zuständigen Mitarbeiterin im Büro Am Steinweg 12. Die persönlichen Angaben auf dem Fragebogen und ein Foto werden in eine Kartei aufgenommen. Im persönlichen Gespräch unterbreitet dann die Mitarbeiterin Vorschläge, die ganz persönlich auf den einzelnen zugeschnitten sind. Der Klient bekommt von Fall zu Fall nur eine Anschrift, das Kennenlernen erfolgt allein auf seine Initiative. Die Sachbearbeiterin betont: »Wir greifen nicht ein. Nach ein paar Tagen, manchmal auch erst nach ein paar Monaten bekommen wir dann Nachricht.« Die Aussichten, über diese konfessionell gebundene Vermittlungsstelle einen Partner zu finden, sind gut. Die langjährige Erfahrung hat bereits vielen Paaren zu einer dauerhaften Bindung verholfen.

Was diese Eheanbahnung so auszeichnet, ist dies: »Jeder Mensch wird als Persönlichkeit behandelt.« Das heißt, der Klient kann während der Gespräche mit der geschulten Mitarbeiterin auch auf persönliche Schwierigkeiten, auf seine Vorstellungen von Ehe und Familie und den Wunschpartner eingehen. Der Kontaktsuchende kann sicher sein, daß die vorgeschlagenen Partner ebenfalls praktizierende Katholiken sind oder – als evangelische Christen – einer katholischen Eheschließung zustimmen. Damit ist eine wesentliche Übereinstimmung gegeben.

Um noch einmal auf die Kontaktsuche in einer Zeitung zurückzukommen, sei gesagt: Wer auf eine Anzeige zurückgreift, um einen Lebensgefährten zu suchen, sollte den Text klar zum Ausdruck bringen, ohne Zusätze wie: »vermögender Partner angenehm«. Manchmal artet der Versuch, die eigene Person als besonders einmalig herauszustellen, ins Gegenteil aus und wirkt plump-aufdringlich.

Nicht nur übersteigerte Wunschvorstellungen gilt es abzubauen, sondern auch allzu große Erwartungen. Gerade wer den Partner über eine Anzeige sucht, sollte besonders taktvoll und bedächtig vorgehen.

In früheren Zeiten fand man meist Heiratswillige zwischen fünfunddreißig und vierzig Jahren, die eine Anzeige in der Zeitung aufgaben. Heute setzen sehr viel mehr junge Leute eine Anzeige in die Zeitung. Nicht jeder, der in der Seite für Bekanntschaften ein Inserat aufgibt, sucht jemanden zum Heiraten, manche suchen Brieffreundschaften, zum Beispiel Schülerinnen, junge Mütter suchen Kontakt, wenn freie Zeit ausgefüllt sein soll oder sie nicht mehr im Berufsleben stehen. Doch hier soll es ja um die partnerschaftliche Kontaktsuche gehen.

Viele Menschen glauben, daß sie sich »anbieten«, wenn sie ein Inserat aufgeben, oder daß ein Briefwechsel entsteht mit jemandem, den man selbst nicht kennt. Diese Hemmungen müssen überwunden werden. Wer sich nur einen Spaß mit einer Anzeige erlaubt, hat sowieso kein Interesse an einem Briefwechsel. Von einigen Ausnahmen abgesehen, handelt es sich hier doch auch um Menschen, die man auf einem anderen Wege kennenlernen könnte. Es sind Leute, die über ihren Bekanntenkreis und über ihre Stadt hinaus auch einmal andere nette Menschen kennenlernen möchten.

Wer meint, dies seien alles gehemmte, schüchterne Menschen, die sonst nicht in der Lage sind, einen Partner zu finden, irrt. Wenn man diese Einstellung vertritt, läuft man Gefahr, seinem Partner bereits vor dem Kennenlernen mit Vorurteilen zu begegnen. Dann wäre es allerdings wirklich besser, einen solchen Versuch nicht zu starten. Befreien wir uns also von einer solchen Einstellung, und wir werden erstaunt sein, welche positive Begegnung zustande kommen kann.

Hier soll niemand zu etwas überredet werden, was er später vielleicht einmal bereuen wird. Es soll lediglich darauf hingewiesen werden, daß diejenigen, die eine Anzeige zwecks Partnersuche aufgeben, bei weitem keine Problemfälle sind, bis auf Ausnahmen, die es aber überall gibt. Oft sind es Menschen, die ihren Bekanntenkreis weiter ausdehnen möchten.

Doch was soll man mit den Angeboten machen? So dachte auch Hanna, als sie einen Brief von einem jungen Herrn erhielt, der auf ihre Anzeige geschrieben hatte. »Wenn Du so interessant bist wie Deine Anzeige, passen wir gut zusammen«, stand da. Nun, war sie zu keck in ihren Ausführungen gewesen? »Am nächsten Sonntag will er mich im Stadtpark treffen. Sollten wir nicht zuerst einmal telefonieren? Eine Telefonnummer stand nicht dabei. Ob er kein Telefon besitzt?« Hanna mußte sich eingestehen, daß sie lieber vor dem ersten Treffen mit ihm gesprochen hätte.

So wie Hanna geht es vielen. Wenn man sich endlich durchgerungen hat, einen Partner durch eine Anzeige zu suchen, hofft man auch auf einen Erfolg. Freude stellt sich schon ein, wenn jemand antwortet. Doch wie schnell schlägt sie in Beklommenheit um, weil man ja gar nicht weiß, ob man sich über diese Bekanntschaft freuen soll. Natürlich möchte man ihn kennenlernen und hat doch gleichzeitig Angst davor. Viele Fragen stellen sich ein. Wie sieht er aus? Warum hat er kein Bild von sich beigelegt? Ob ich mich wohl in ihn verlieben kann? Wie er mich wohl findet? Und dann der erste Treff.

Schon einige Tage vorher zerbricht Hanna sich den Kopf darüber, was sie anzieht. »Meine neue gelbe Hose? Nein, vielleicht mag er keine Hosen bei Frauen. Lieber ein Kleid?« In Gedanken überprüft sie ihre Finanzen, ob sie sich noch was zum Anziehen kaufen soll. Der erste Eindruck soll ja bekanntlich der beste sein.

Hanna ist mit ihren achtundzwanzig Jahren aufgeregt wie ein Teenager bei seiner allerersten Verabredung, dabei hat sie bereits mehrere Bekanntschaften hinter sich. Doch dieses Mal ist es ganz anders. Vielleicht unterscheidet sich diese Verabredung von anderen dadurch, daß man jemanden trifft, der für einen selbst ganz unbekannt ist.

Aber dem anderen geht es doch genauso, daran sollte man denken. Auch er stellt sich die Frage: »Werde ich angenehm überrascht sein, oder erlebe ich eine Enttäuschung?« Um das herauszufinden, gibt es keinen anderen Weg, als sich persönlich kennenzulernen, denn wenn man jemanden für eine feste Bindung sucht, legt man wohl kaum Wert auf eine Brieffreundschaft. Natürlich kann auch hieraus eine Partnerschaft werden, aber in diesem Fall läßt man doch – wenn nicht gleich in der Anzeige – im ersten Briefwechsel durchblicken, worum es einem geht.

Hanna mußte laut lachen bei dem Gedanken, daß sie sich seit Jahren nicht mehr so aufgeregt und unsicher gefühlt hatte. »Hat es einen Sinn, überhaupt hinzugehen«, überlegte sie. »Ich werde mir noch einen Rat holen bei Britta.«

Sicher ist es nicht ganz leicht, solch einer Verabredung zu folgen, doch wer möchte nicht denjenigen kennenlernen, mit dem bereits ein Briefwechsel besteht oder mit dem man schon telefoniert hat? Darum hat man ja die Annonce aufgeben, nicht wahr? Wie schön und erfreulich ist es dann, wenn man eine Antwort erhalten hat. Man hatte den Mut, einen Versuch zu starten, doch nun verläßt er einen, weil die Sache »ernst« zu werden scheint.

Vor Enttäuschungen ist niemand sicher. Es kostet Kraft und Überwindung, feststellen zu müssen, daß sich jemand einen Spaß erlaubt hat. Darum sollte der ersten Begegnung ein längerer Briefwechsel vorausgegangen sein, denn wer nur zum Spaß auf eine Anzeige schreibt und keine ernsten Absichten hat, der wird sich auch nicht die Mühe machen, weitere Briefe zu schreiben.

Klaus, geschieden und zwei Kinder, hatte ebenfalls einige Versuche, eine geeignete Partnerin zu finden, hinter sich. Nachdem er sein Glück im »Ball der einsamen Herzen«, einem Treffpunkt für die ältere Jugend, und durch ein Heiratsinstitut – beides ohne Erfolg – versucht hatte, gab er eine Anzeige in der Zeitung auf: »Vater von zwei Kindern, einunddreißig Jahre alt, 180 cm, sucht nette Frau und liebe Mutter.« Prompt erhielt er mehrere Antworten. Die Damen lud er zu Kaffee und Kuchen in seine Wohnung ein. Die Kinder sollten bei der Wahl der Mutter dabeisein. Diese Ausgaben und viel Geduld lohnten sich. Heute hat Klaus das, was er drei Jahre lang suchte: eine nette Ehefrau und liebe Mutter für seine Kinder.

Wann und wodurch einem der Partner fürs Leben begegnet, das ist eine Frage glücklicher Fügung und natürlich auch eigenen Bemühens. Und daß es nun glücklich weitergeht, erfordert doppeltes Bemühen. In einer Partnerschaft kann man immer nur so viel vom anderen erwarten, wie man selbst zu geben bereit ist, das sei vorweg gesagt. Wenn man das Positive sucht, statt nach dem Negativen zu fahnden, verzichtet man auf Macht und Aggression.

Man sollte sich in Toleranz üben und versuchen, eine

Atmosphäre von Vertrauen und Geborgenheit zu schaffen. Der Partner wird sich dann bei einem wohl fühlen, aufblühen und neue, unbekannte Seiten an sich entdecken und zeigen.

Viele – meist junge Menschen – gehen heute immer noch mit zu vielen Glückserwartungen in eine Ehe. Sie setzen die Treue des anderen geradezu voraus, dabei wurde in einer Ehe noch nie zuvor so viel abgewechselt wie gerade heute. Daß ihnen aber Untreue mit ihrem Partner passieren könnte, der Gedanke wird beiseite geschoben. Man will darüber einfach nicht nachdenken. Außerdem ist es nicht nur Treue, die einer vom anderen erwartet.

Katrin, jung, hübsch, schwebt auf Wolken, als sie Rolf geheiratet hat. Die ersten Wochen vergehen noch voller Glück und Harmonie. Katrin kann den Feierabend kaum erwarten, den sie mit ihrem Rolf in ihrer gemütlich eingerichteten Wohnung verbringt. Wenn das Telefon klingelt, fürchtet sie schon, jemand könnte sich anmelden. Nein, niemand soll das Glück der beiden jungen Leute stören, kein Verein, keine Einladung und erst recht keine Verwandten und Bekannten. Vor der Heirat gingen sie mal ins Kino, gingen tanzen oder besuchten Freunde, doch heute ist nichts attraktiv genug, um auch nur einen Abend dafür zu opfern.

Doch die Abkapselung kann niemand auf die Dauer ertragen. So kam es, daß Rolf eines Abends einen Bekannten, den er getroffen hatte, auf ein Bier zu sich nach Hause einlud. Katrin glaubte, ihren Augen nicht zu trauen. Das paßte ihr nun ganz und gar nicht, daß jemand ihre Zweisamkeit störte; sie sah ihn wie einen Eindringling in ihre kleine Welt, die nur ihnen beiden gehören sollte. Das ließ sie ihn auch spüren. Rolf war diese Situation mehr als peinlich. Fazit: Der Abend war allen dreien verdorben.

»Ich kann nun mal nicht auf alle Freunde und Bekannten

verzichten und sie einfach stehenlassen, nur weil ich jetzt verheiratet bin«, machte er Katrin klar und sparte nicht mit Vorwürfen. »Wenn ich dir zu langweilig bin, dann hättest du ja deine Freunde heiraten können«, gab sie zurück.

Es ist die Angst vieler Menschen, daß sie das Interesse des anderen verlieren könnten. Etwas kann anders, interessanter sein als die eigene Person. Erwartet man nicht zuviel, wenn der Partner einem selbst zuliebe alles aufgeben soll? Wie steht es mit den eigenen Freunden und Bekannten? Sind sie bei einem selbst auch nicht willkommen? Wer nur zu zweit zusammen ist, muß damit rechnen, daß es unweigerlich dazu kommen kann, daß sich beide nichts mehr mitzuteilen haben. Auch der häuslichste Typ muß einmal andere Tapeten sehen. Ist es nicht viel angenehmer, wenn ein Abend mit Freunden verbracht wird, über den man sich noch lange unterhalten kann.

Beide können immer füreinander dasein, auch wenn nicht ständig der eine in der Nähe des anderen ist, das ist doch wohl das Wichtigste im Leben. Die Erwartungen an die Ehe werden – besonders bei jungen Menschen – oftmals zu hoch geschraubt.

Bernd ist als Einzelkind aufgewachsen. Seine Mutter liebte ihn abgöttisch. Auch er liebt und verehrt sie sehr. Der Vater starb, als Bernd noch ein Kind war. So lebte er mit seiner Mutter in einer Gemeinschaft, die zur Abhängigkeit führte.

Das spürte auch Petra, als sie Bernd kennenlernte. Sosehr Bernds Mutter Petra auch mochte, konnte sie doch ihre Eifersucht auf die junge Frau nicht verbergen. Als die beiden heirateten, meinte Petra noch, Bernd würde sich innerlich durch die Bindung an sie von seiner Mutter ein wenig lösen können. Sie ist eine hübsche junge Frau, stets liebenswürdig und gut gelaunt. Bernd fühlt sich wohl bei ihr, liebt sie sehr, doch er vergleicht alles, was Petra tut, mit dem seiner Mutter. Er hat bald überall etwas auszusetzen. »Mutter kochte das Gericht anders, sie würzte die Sauce pikanter, Mutter hat jeden Sonntag einen Kuchen selbst gebacken« und so weiter. Dabei merkt er gar nicht, wie sehr er seine Frau dabei verletzt. Schließlich fragt sie ihn: »Was ist dir wichtiger, eine Frau und Partnerin oder eine Köchin und Haushälterin? Ich bin nicht deine Mutter. Du mußt mich nehmen, wie ich bin. Warum hast du mich eigentlich geheiratet?« Sosehr sie sich auch bemühte, nichts konnte sie ihm recht machen. Wenn sie irgendeine Tätigkeit im Haushalt anfing, hörte sie ihn schon in Gedanken sagen: Mutter hätte das anders gemacht.

Gibt es eine gemeinsame Lösung des Problems, die beide befriedigt? Petra hatte vorher gewußt, wie sehr Bernd von seiner Mutter abhing. Und dennoch hatte sie ihn geheiratet, weil sie meinte, er würde sich nach der Heirat zu ihr hingezogen fühlen. Doch da hatte Petra zuviel erwartet. Bernd seinerseits hatte den Fehler gemacht, seine Mutter zu oft in Petra zu sehen. Er wollte eine junge Frau an seiner Seite haben, aber die häuslichen Aktivitäten seiner Mutter nicht missen.

Bernd muß zuerst einmal versuchen, die Fähigkeiten seiner Frau nicht ständig mit denen seiner Mutter zu vergleichen. Ein Lob und öfter ein Dankeschön für die Mühe im Haushalt können schon kleine Wunder bewirken und werden eine junge Frau auch dazu motivieren, den Kochkünsten der Schwiegermutter nachzueifern. »Das schmeckt ja wie bei meiner Mutter zu Hause«, hört eine Frau besonders gern.

Man vergesse nie, daß der Partner ebenfalls eine eigene Persönlichkeit ist. Versuche, andere zu formen oder zu verändern, schaffen nur neue Probleme. Das Glück bedarf nicht der Wandlung eines anderen, sondern der Veränderung durch sich selbst.

Viele Menschen werden unglücklich, weil sie vom Partner und vom Glück zuviel erwartet haben. Sie machen es einfach vom Verhalten des anderen abhängig. Da ist eine Frau, die ihren Mann in seinem Beruf einige Stufen höher auf der Erfolgsleiter sehen möchte, obwohl er ganz und gar mit seiner Position zufrieden ist. Ein Mann verbietet seiner Frau, eine Beschäftigung aufzunehmen, mit der Begründung, er sähe sie lieber als Ehe- und Hausfrau daheim. Ein anderer Ehemann möchte keine Kinder und erwartet von seiner Frau, daß sie sich diesem Wunsch fügt. Ein anderer wiederum verlangt von seiner Frau, daß sie sich weiterbildet, damit er sich vor seinen Geschäftsfreunden nicht mit ihr blamieren muß.

Hat das alles noch mit der Eheführung zu tun, wie sie eigentlich sein sollte? In einer Ehe müssen doch die Bedürfnisse beider Partner berücksichtigt werden, nicht nur die des einen. Eine Gemeinschaft, in der beide ihre Wünsche befriedigen und sich nicht der eine dem anderen unterwerfen muß, daraus wird eine harmonische Zweisamkeit.

Initiative öffnet Türen

Heute ist die Einsamkeit unter uns Menschen alarmierend hoch, die daraus resultierenden Depressionen und Ängste wachsen in einem Maße an, daß Psychologen und Ärzte ihrer nicht mehr Herr werden.

Auf die Dauer werden wir trübsinnig, ja sogar krank, zuerst seelisch, dann auch organisch. In dieser Lage mache man sich klar: Ich bin einsam und will es nicht sein! Dagegen gibt es auch eigentlich nur ein Rezept, das Hilfe bringt: Aktivität. Wir dürfen nicht die Hände in den Schoß legen und auf Hilfe von anderen warten. So werden wir kaum glücklich.

Wir sollten am besten gleich anfangen, irgend etwas zu unternehmen, bevor uns die Einsamkeit ganz umgibt. Das beste Mittel ist ein Tapetenwechsel. Wie wäre es heute abend mit einem Bier in der Stammkneipe, oder vielleicht mit einem Kino- oder Theaterbesuch? Spielpläne stehen in jeder Tageszeitung. Wir müssen nur dem Gefühl entgehen, daß uns die Decke auf den Kopf fällt.

Oft reicht es schon, wenn wir mit jemandem über unsere Probleme sprechen können. Ein großer Teil unserer Last fällt von uns, wenn wie sie mit einem Bekannten teilen können, und die Einsamkeit verfliegt, wenn wir in Gesellschaft sind.

Ich überlege ganz bewußt, welche Interessen, Wünsche oder Mitmenschen ich in der letzten Zeit vernachlässigt habe, und fange an zu planen. Genau, Birgit und Dieter könnte ich heute abend einmal zu mir nach Hause einladen. Dazu bereite ich ein schmackhaftes Essen vor. Ob ich mir das Kleid in der Boutique gegenüber kaufe? Warum eigentlich nicht? Ich habe mir in der letzten Zeit sowieso nichts geleistet. Die beiden werden mein Äußeres sicherlich darin anerkennend loben. Das wird mir wieder Auftrieb geben. Nun noch schnell fürs Abendessen einkaufen. Wie die Zeit plötzlich verfliegen kann. Ich kann schon wieder lachen und lustig sein.

Außerdem informiere ich mich, welche kreativen Hobbykurse wie Malen, Basteln, Töpfern, Kochen und ähnliche am Ort angeboten werden, und überlege, in welchen Verein ich eventuell eintreten könnte. Dabei lerne ich bestimmt nette Menschen kennen.

Wenn wir so unsere Freizeit planen, können Eintönigkeit und Einsamkeit vermieden werden. Wir brauchen Menschen um uns herum, also wollen wir versuchen, sie zu finden, wenigstens einen. Wir sollten selbst den ersten Schritt dafür tun.

Ich überlege: Ist meine Einsamkeit eigentlich tatsächlich vorhanden, oder habe ich nur das Gefühl, einsam zu sein, weil ich in der letzten Zeit keine rechte Lust hatte, mit anderen Menschen zusammenzusein? Wann habe ich das Gefühl? Wenn ich allein in der Wohnung bin und ein regnerischer Tag ist und alles grau in grau scheint. Ich versuche, meine Wohnung so gemütlich wie möglich zu gestalten. Ein bißchen Arbeit kann da schon Wunder wirken. Ich stelle das Sofa an die andere Wand und den Schrank an die gegenüberliegende Seite, tapeziere vielleicht eine Wand, und schon fühle ich mich wie in einer ganz neuen Umgebung.

Wie wäre es mit einem morgendlichen Lauf um den Häuserblock? Es muß daraus keine sportliche Leistung werden, sondern nur ein wenig Bewegung an der frischen Luft. Wenn sich der Körper fit fühlt, fühlt sich auch unsere Seele wohler. Auch ein Spaziergang, bei dem wir die Umwelt genießen und alle Dinge sehen, die wir vorher nicht beachtet haben, kann heilsam für unsere Seele sein.

Im Grunde besteht die Neuorientierung zu einem positiven, also einem erfüllteren und glücklichen Leben nur aus wenigen Schritten: Wir bejahen unangenehme Realitäten, auch wenn sie uns nicht passen. Wir suchen nicht um jeden Preis Kritik zu vermeiden. Ich streiche alles Negative aus meiner Vorstellung und versuche, mich so schnell wie möglich davon zu befreien. Ich lasse die Vergangenheit hinter mir ruhen. Ich lebe nach dem Prinzip Hoffnung. Es kann nichts so schlimm werden, daß nicht noch Gutes darin ist.

Sicher ist es nicht immer einfach, alles positiv zu sehen. Aber wenn das Leben auch viel Realismus erfordert und oft genug zu Pessimismus Anlaß gibt, so schaffen wir doch mit einer Portion Optimismus, die in uns allen steckt und nur geweckt werden muß, die Voraussetzung dafür, daß wir mit den größeren und kleineren Schwierigkeiten und der oft damit verbundenen Einsamkeit ganz gut fertig werden. Oft ist es doch so, daß, wenn irgend etwas im Leben schief läuft, wir uns gleich zurückziehen und uns in eine Ecke verkriechen, aus der wir nur schwer wieder herauskommen, weil wir uns zu schnell als Versager ansehen.

Als das Auto von Hermann F. eines Morgens streikte, mußte er notgedrungen mit dem Bus zur Arbeit fahren. An der Bushaltestelle traf er einen Bekannten, der im selben Haus wohnte, doch man kannte sich nur flüchtig. Mehr als ein »Guten Morgen« hatte man nicht gewechselt. Jetzt, da beide nebeneinanderstanden und auf den Bus warteten, kamen sie ins Gespräch. Sie bemerkten, daß sie beide den gleichen Weg hatten. Beide entschieden sich dafür, künftig zusammen zu fahren.

Wenn wir die Welt mit weiter geöffneten Augen betrachten, bemerken wir vieles mehr, was um uns herum geschieht. Wenn wir uns etwas zutrauen, tun wir es auch anderen gegenüber. Wenn wir uns lieben, können wir auch andere liebhaben. Und sind wir mit unserem Leben zufrieden, können wir es auch mit unserer Mitwelt sein. Die Bedingungen, unter denen wir leben, schaffen wir uns selbst durch unsere Einstellung zum Leben. Niemand muß einsam sein. Wir müssen anderen Menschen Anteilnahme statt Mißtrauen entgegenbringen. Wenn wir anderen ins Gesicht sehen, werden wir erkennen, wie die eigenen Probleme, in die wir tief verstrickt sind, sich wie von selbst lösen, weil wir unser eigenes Ich nicht mehr so sehr in den Mittelpunkt rücken. Andere Menschen haben auch Probleme, doch wir sind so sehr mit unseren eigenen Sorgen beschäftigt, daß wir sie gar nicht sehen und merken. Immer wieder müssen wir den Versuch machen, auf sie zuzugehen, und uns auch einmal ihre Sorgen anhören. Indem wir uns mitteilen, teilen wir Glück und Kummer, Ängste und Zuversicht und nicht zuletzt unsere eigenen Probleme mit anderen und sehen dann die Welt sicher mit ganz anderen Augen.

Wenn wir unser Leben ändern müssen, und das wird wohl jeden treffen, der plötzlich allein lebt, sollten wir es auch sofort tun. Wer Entscheidungen auf die lange Bank schiebt und nur auf Wünsche und Vorschläge anderer reagiert, verliert sich im Gestern oder Morgen. Überwinden wir, was war oder hätte sein können. Viele Menschen mögen sich nicht trennen von einer Vergangenheit oder ihrer Erinnerung daran, andere wiederum träumen von morgen und übersehen dabei die Chancen, die sie heute haben könnten. Die Vergangenheit ist unabänderlich. Diese Tatsache muß sich jeder Alleinlebende stets vor Augen halten. Wer zu seinen eigenen Mängeln oder Fehlern stets eine positive Einstellung hat und zu ihnen steht, kann den Augenblick als Gelegenheit nehmen, um zu sehen, zu fühlen, zu staunen und sich zu freuen, zu lieben, zu geben und zu nehmen. Damit wir auch oft Gelegenheit dazu haben, sollten wir uns hin und wieder etwas Gutes gönnen. Auch wer allein lebt, muß nicht auf Urlaub und Reisen verzichten, die manchmal bereits ein kleines Wunder bewirken können. Dabei wird sich gleich die Frage erheben: »Wer wird mich begleiten? Ich bin zuvor noch niemals allein verreist.« Keine Angst. Es gibt Reiseangebote, speziell für Singles. Dort ist man unter Menschen, die in der gleichen Situation sind wie man selbst.

So dachte auch Elke. Seitdem sie allein lebte, verlief ihr Leben ziemlich trist und leer. Natürlich hatte sie ihre Freunde und Bekannten, die sie weiterhin einluden oder sie besuchten. Aber unter Ehepaaren kam sie sich ziemlich verloren vor. Zuviel erinnerte sie an die Zeit, in der sie selbst noch verheiratet war. Da entdeckte sie in einem Urlaubsprospekt Reiseangebote für Singles. Nach einigem Zögern buchte Elke eine der vorgeschlagenen Reisen. Endlich war sie unter Leuten, die die gleichen Probleme und Sorgen hatten wie sie, manche hatten sie bereits gelöst und sind glücklich dabei geworden. Schon bald hatte sie Anschluß gefunden, kam endlich auf andere Gedanken. Welch ein herrliches Gefühl, zu wissen, daß einem nicht nur jemand zuhört, sondern daß man auch wirklich verstanden wird.

Nun ist der Urlaub für Alleinstehende nicht nur dafür geschaffen, damit einsame Menschen einen neuen Partner finden sollen. Der Hauptgrund besteht wohl darin, daß der einsame Mensch einmal nicht nur unter verliebten Paaren ist, die man ja gerade im Urlaub zu Hunderten antrifft. Gerade damit soll er hier nicht konfrontiert werden.

Aber ein Urlaub ist natürlich nicht von Dauer, und wenn man wieder daheim ist, beginnt der alte Trott von neuem. Davor haben viele Angst. Gerade für den Partner, der die eheliche Wohnung behalten hat, werden die Erinnerungen immer wieder wach. Hier wäre zu überlegen, ob vielleicht ein Wochnungswechsel in Frage kommt. Das ist natürlich mit Kosten verbunden, und wem diese zu hoch sind, der mag sich trösten. Neue Tapeten oder ein neues Möbelstück können oft schon eine ganz neue Atmosphäre schaffen. Wenn sich das Gefühl einstellt, daß das Leben eine neue Wende bekommen soll, ist das ein kleiner Schritt in Richtung Zukunft. Wir sollten nicht am Leben vorbeileben. Das ist das Schlimmste, was uns passieren kann.

An diesem tristen, kühlen, feuchten Tag empfindet Marlene (37) doppelt traurig, daß sie allein lebt und niemanden hat außer ihrem grauen Kater Kusch. Mit ihm spricht sie, aber er schaut sie nur stumm an und versinkt danach wieder in seliges Träumen. Auch Marlene träumt – von vergangenen Zeiten: von glücklicher Kindheit vor mehr als zwanzig Jahren in ihrem Elternhaus in Sachsen – weit weg und dahin. Sie arbeitet heute als Disponentin eines großen Kaufhauses im Ruhrgebiet. Tagsüber hat sie ein paar Kollegen, mit denen sie sprechen kann. Am Abend und am Wochenende ist sie allein. Ihre Stimmung ist so grau wie ihr Gesicht und die ersten Strähnen im Haar. An einem solchen Tag sollte man eingeladen werden, sich schön machen, fröhlich sein – aber für wen? Niemand rührt sich, alle anderen haben mit sich selbst zu tun. Was bleibt ihr anderes übrig, als es genauso zu halten? Aber glücklich ist sie dabei nicht.

Dreißig Prozent aller Haushalte in der Bundesrepublik bestehen aus Singles, und obwohl gerade in den Ballungsgebieten die Menschen dicht aneinander wohnen, wissen sie oft vom Wandnachbarn im Hochhaus nicht einmal, wie er heißt und wie er lebt. Das Schicksal der Einsamkeit bedroht unzählige Menschen und macht sie unglücklich, wenn sie nichts dagegen tun. Aus Einsamkeit entspringen Angst, Hoffnungslosigkeit und Verzweiflung. Die Hauptgefahr ist, daß man, wenn man nichts dagegen tut, immer tiefer in die Isolation hineinfällt. Die Einsamkeit scheint der Preis der Unabhängigkeit zu sein, nach der immer mehr Menschen streben. Kaum haben sie ihr privates ruhiges Plätzchen, ihre eigenen vier Wände gefunden, in die sie sich zurückziehen können, fällt ihnen schon die Decke auf den Kopf. Sie erkennen, daß ihre Bedürfnisse in Wahrheit widersprüchlich sind: auf der einen Seite Unabhängigkeit, Alleinsein, Selbständigkeit und auf der anderen Seite Bindung, Geborgenheit, Geselligkeit. Von keinem zuviel und von keinem zuwenig. Aber wer findet das Maß, und wie findet vor allem der Einsame den Weg zum anderen Menschen und in die Gemeinschaft?

Sich jetzt in eine Ecke zurückzuziehen und Trübsal zu blasen, zu warten, daß ein anderer den Ring der Einsamkeit sprengt und uns befreit, ist ganz sicher der falsche Weg. Wir müssen selbst den Anfang machen, den ersten Schritt tun. Dabei überlegen wir uns: Ist meine Einsamkeit eine Tatsache, oder bilde ich sie mir nur ein? Wann fühle ich mich besonders einsam? Liegt meine Wohnung zu weit außerhalb? Habe ich keinen Kontakt zu meinen Nachbarn? Habe ich keine Vorhaben für das Wochenende? Sind bei mir Alleinsein und Einsamkeit dasselbe?

Daß wir allein sind, ist noch keine Tragödie. Wir können uns dieses Alleinsein schön machen. Dazu gehört:

☐ Wir gestalten unsere Umgebung so schön und wohnlich wie möglich.

☐ Wir halten – je nach Geschmack und Räumlichkeit – Blumen oder Tiere.

☐ Wir planen unsere Zeit und wechseln die Zeiten der Nachdenklichkeit und Besinnung mit solchen der Aktivität: Fitneß, Sport, Körperpflege, Stadtbummel, Handarbeit, Malen, Briefeschreiben, Musikmachen oder -hören – lauter Möglichkeiten, dem Alleinsein einen erfüllenden Inhalt zu geben. Kreative Menschen brauchen das Alleinsein, haben nie Langeweile und wissen immer etwas mit sich und ihrer Zeit anzufangen. Trotzdem erleben auch sie den Punkt, an dem Alleinsein in Einsamkeit umschlägt, also in das Leiden an der Isolation und der Sehnsucht nach Kontakt. Dieser Punkt ist gefährlich und muß unbedingt überwunden werden, und zwar von uns selbst. Dazu gibt es eine Reihe erfolgversprechender Schritte:

☐ Ich schreibe mir Namen von Menschen auf, die ich kenne und mit denen ich in Kontakt treten möchte.

☐ Dazu kommen Menschen, die ich noch nicht kenne und kennenlernen möchte.

☐ Ich setze einen Termin fest, zu dem ich mir Gäste einlade oder andere aufsuche. Ich warte also nicht darauf, daß andere mich aufsuchen. Ich könnte lange warten.

☐ Ich überlege, welche Gedanken, Erlebnisse, Informationen ich den andern mitteilen und worüber ich mit ihnen sprechen möchte.

☐ Ich frage mich: Wem würde es wohl ähnlich gehen, und wer würde sich über meinen Besuch und die Initiative freuen, den Schritt von der Einsamkeit in die Zweisamkeit zu tun?

☐ Wenn ich niemanden kenne, lese ich Bekanntschaftsanzeigen, oder noch besser: Ich gebe selbst eine auf und suche einen Partner für gemeinsame Hobbys oder Freizeitgestaltung.

☐ Ich frage mich, auf welchem Gebiet ich mich engagieren möchte, und erkundige mich nach Vereinigungen und Initiativen, die auf diesem Gebiet tätig sind. Ihnen schließe ich mich an, und dort lerne ich auch Menschen kennen, mit denen mich gemeinsame Überzeugungen verbinden.

Den letztgenannten Weg ist Marlene gegangen. Da sie ein sachlich eingestellter und auf Ziele gerichteter Mensch ist, möchte sie sich für etwas engagieren. Ihr ist es unbehaglich, nur im Gefühlsaustausch und in der Suche nach Sympathie in einer Beziehung zu leben. Sie möchte etwas haben, wofür sie sich einsetzt. Da kam ihr ein Anruf von Amnesty International gerade recht. Diese Einrichtung setzt sich für politische Gefangene in aller Welt ein und kämpft für ihre Befreiung. Überall gibt es Gruppen. Einer von ihnen schloß sich Marlene an, und dort fand sie Menschen, mit denen sie sich sofort gut verstand und die sich fast jedes Wochenende zum Austausch und zu neuen Aktivitäten trafen. Sie war nicht mehr allein und hatte ein Ziel. Zum ersten Mal seit Jahren fühlte sie sich glücklich und ausgefüllt.

Wer anderen hilft, hilft sich selbst

Zärtlichkeit ist ein seltsames Wort. So, als ob das Wort »zart« nicht schon zart genug wäre, haben wir es noch einmal weicher gezeichnet: zärtlich. So, als ob die damit verbundenen Empfindungen gar nicht zart, weich, süß und liebevoll genug sein könnten. Fast droht das Wesen der Zartheit umzukippen – ähnlich wie es bei süß und süßlich, bei weich und weichlich der Fall ist.

Schon der Säugling ist auf mehr als die Muttermilch angewiesen; die Hautnähe und Wärme, der Wohlklang der Stimme und sogar das Herzklopfen, das er spürt, geben ihm die Signale einer engen und liebevollen Kommunikation. Er wird gestreichelt, aufgenommen, von seiner Nässe befreit und trockengelegt, in Schlaf gesungen und fröhlich wieder aufgeweckt – die Klaviatur der Zärtlichkeiten unaussprechlicher Art ist grenzenlos und lebenswichtig.

Wohl sind die Anzeichen dafür in den kommenden Jahren nicht mehr so intensiv: Der Heranwachsende verbittet sie sich sogar, damit die Ablösung von den Eltern nicht durch allzuviel Nähe erschwert und unterbrochen wird. Aber mit der Pubertät und dem Erwachen der zaghaften erotischen Kräfte im Jugendlichen erwacht auch stürmisch ein neues Verlangen nach Zärtlichkeit – nun allerdings auf den zukünftigen Liebespartner gerichtet. Diese Zärtlichkeit ist zunächst anonym und ziellos, allgemein und gleichsam kosmisch. Zärtlichkeit läßt sich gegen die ganze Welt empfinden, klingt durch die Rhythmen der Schöpfung, das Erwachen der Natur im Frühling, den Klang der Vogelstimmen, die Farben der Blüten, das Leuchten des Himmels und das sanfte Streicheln eines südlichen Windes. In der Jugend – gerade noch in der Einsamkeit unerfüllter erotischer Liebe – wird das Herz offen und empfänglich für die universelle Zärtlichkeit, und der größte Philosoph des Altertums, Plato, hat dem Eros eine schlechthin universale und geschlechterübergreifende Bedeutung zugeschrieben.

Dann aber liegt es im Zuge und in der Notwendigkeit menschlicher Entwicklung, daß das Ziel der Zärtlichkeiten im jeweils anderen Geschlecht gesucht wird. Irgendwann wird der Partner gefunden, der als Ziel und Inhalt dieser Zärtlichkeit gerade richtig, erfüllend und beglückend erscheint. Unerschöpflich an Phantasie und unermüdlich in der Wiederholung sind Liebespartner darin, Zärtlichkeiten auszutauschen und sich ihre Liebe in dieser Weise zu bestätigen. Mehr und mehr, immer ausschließlicher beziehen sie sich dabei aufeinander, gewöhnen sich, werden sich vertraut und mögen sich nicht mehr missen. So wird mit den Gesten der Zärtlichkeit zugleich neben der verbalen Sprache, die auch ihre eigenen Muster von Zärtlichkeit enthält, eine neue nonverbale entwickelt, die nur die beiden verstehen und in der sie den Weg zueinander finden. Diese »zarten Bande« aus dem Stoff, aus dem die Träume der Sinnlichkeit sind, festigen immer mehr die Bindung bis zur Unzertrennlichkeit. Beide erfüllen sich ihre Wünsche, lesen sie sich von den Augen, spüren sie sich von der Haut ab, suchen die Freude und dem andern Freude zu machen. Dabei reichen die Zärtlichkeiten bis an die Abgründe der Leidenschaft. Da, wo sie die Grenze der Ekstase erreichen, hören wir allerdings auf, von Zärtlichkeiten zu sprechen. Hier sind andere Dimensionen eröffnet, wird ein Feuer der Sinnlichkeit geschürt, werden Eruptionen der Leidenschaft freigelassen, die die Zärtlichkeit jeweils für Augenblicke überlagern, so daß sie vergessen wird.

Aber nach dem Abklingen der leidenschaftlichsten Erregungen und jeweils bevor sie frei werden, ist das weite, große Feld der Zärtlichkeiten, in denen die Partner ihr Behagen, ihre gegenseitige Bestätigung, ihre Selbsterfahrung, ja Identität und Selbstwert auskosten und sinnlich erleben.

Es ist mit Worten schwer zu umschreiben, worin eigentlich Erfahrung und Wert der Zärtlichkeit bestehen. Es scheint eine Mischung aus Sehnsucht – denn diese selbst enthält bereits Zärtlichkeit – und sinnlicher Erfüllung zu sein. Nie ganz ist die Vereinigung gegeben, aber auch nie ganz das ersehnte Objekt dieser Vereinigung fern. Gerade daß die Zärtlichkeit in jenem weiten Zwischenfeld zweier Sehnsüchte existiert, macht sie zu dem, was sie ist.

Eine völlige Vereinigung der sehnenden und ersehnten Objekte ist nicht gegeben, ein immer neues Suchen gehört als Antrieb dazu und macht auch die zeitliche Dimension der Zärtlichkeit unerschöpflich und endlos.

Dennoch ist sie die stete Brücke über die Grenze der Individuation, die Überwindung der Einsamkeit. Und dies macht sie auch bis ins Alter unentbehrlich wichtig. Wie viele alte Menschen leiden daran, daß sie nicht jemanden haben, der sie von Zeit zu Zeit noch einmal streichelt! Vielleicht liegt hier ein Grund für das Anwachsen von Verzweiflung und Depression, für den tragischen Punkt, an dem Trauer und Einsamkeit in Todessehnsucht übergehen.

Tausende von Menschen, die die Eheberater aufsuchen, bestätigen, wie stark das Verlangen nach Zärtlichkeit auch in der Ehe bleiben kann. Den andern vor Augen und in der Nähe zu spüren, der einem dieses Verlangen nicht erwidert, weil er es nicht empfindet oder anderswohin richtet, ist unendlich schmerzvoll. Oder wenn es ihm gegenüber erloschen ist und nur noch gezielt oder ungezielt nach außen eilt, ist der Bruch, oft die Tragödie vorprogrammiert. Das mindeste einer Tragödie ist das, was wir Liebeskummer nennen.

Wenn die Menschen ahnen würden, wie viele andere um sie herum Liebeskummer haben! Wenn man selbst ihn hat, weiß man es, versinkt darin und leidet einsam sämtliche Leiden der Welt. Und so geht es jedem irgendwann und vielen häufiger. Liebeskummer ist eines der verbreitetsten Leiden, auch wenn man es vornehm kaschiert und Schwermut, Weltschmerz oder Depression nennt. Meistens hat es mit dem Verlust eines Menschen zu tun, den man erleben mußte oder auch fürchtet, weil er sich abwendet.

Liebeskummer schafft Leiden, macht aktionsunfähig, läßt das Leben sinnlos erscheinen und umgibt die Liebe, gerade wenn man auf sie verzichten muß, mit einem überirdischen Glanz. Aus ihr scheint sich alles abzuleiten, zu ihr alles hinzuführen, und ohne sie erlebt man sich als nichts.

Aber ist Liebeskummer nicht der Beweis dafür, daß man einen anderen Menschen ernst genommen und etwas von ihm erwartet und erhofft hat? Ist er nicht ein Beweis dafür, daß man fühlt, auch wenn man sein Herz ein bißchen zu weit geöffnet, zu vorschnell verschenkt hat? Soll man etwa gar nichts mehr riskieren, weil doch nur Enttäuschung eintreten kann? Soll man alle Antennen der Annäherung an einen lieben Menschen einziehen, weil die Gefahr des Blitzeinschlags besteht? Soll man allgemeines Mißtrauen empfehlen, um vor Enttäuschungen jederzeit sicher zu sein? Wenn das alles so wäre, könnte man in der Tat sagen: Liebeskummer lohnt sich nicht, denn Liebeskummer bedeutet viel Schmerz, stilles Leid und tiefe Enttäuschung. Dieses Viel kann manchmal sogar zuviel sein, so daß ein einzelner daran zerbricht. Es kann zu schweren Depressionen, zu Verzweiflung, ja zu Selbstmord führen. Diese extreme Form des Liebeskummers meinen wir nicht, wenn wir trotzdem sagen: Liebeskummer lohnt sich doch. Er enthält nämlich auch die Chance, daß man aus der Einsamkeit, in die man zurückgeworfen wird, wieder zu sich selbst findet. Daß man an Tiefe gewinnt, mehr als man das in der sonnig-himmelblauen Verfassung eines grundlegenden Optimismus und einer nichtssagenden Unverbindlichkeit könnte. Liebeskummer enthält die Chance produktiver Einsamkeit, in der man sich über sich selbst klar wird, um vielleicht das nächste Mal ein wenig vorsichtiger zu sein mit seinen Kontakten, aber doch bereit zu einer behutsamen Eröffnung, zur Offenbarung tieferer Gefühle.

Wenn man das alles nicht mehr kann und will, ist man wie ein schon erloschener Krater. Sicher kann man nicht immer ein leidenschaftlicher Vulkan sein, aber jene Wärme und ein bißchen Feuer, das die menschlichen Beziehungen durchglüht, braucht jeder von uns zum Leben. Dazu gehört, daß man Gefühle riskiert und also immer aufs neue auch das Wagnis von Liebeskummer in Kauf nimmt.

Eine wirklich fruchtbare Gemeinschaft setzt die Fähigkeit zur fruchtbaren Einsamkeit voraus. Wer sich selbst nichts zu sagen hat, hat auch anderen nicht viel zu sagen. Wer sich selbst nicht genug sein kann, wird auch dem Partner nicht viel geben können. Darum sind solche freiwilligen oder unfreiwilligen Anlässe zum Nachdenken für die menschliche Entwicklung nur gut. Allerdings dürfen sie nicht zu Depressionen und zu dem Gefühl führen, man tauge nun gar nicht mehr für den Umgang mit anderen Menschen und müsse die Geselligkeit meiden. Vor allem Menschen, die sich nicht besonders attraktiv finden, leiden unter diesem Gefühl, das am stärksten nach einer Enttäuschung ist.

Enttäuschung, Liebeskummer – oft sind sie synonym und steigern wechselweise ihren Schmerz. Aber der, der sich in einem anderen getäuscht hat und sich nun von ihm enttäuscht sieht, hat ja immer noch sich. In diesen Situationen, und nur in ihnen, kann man eine der wichtigsten Lehren im Leben von Grund auf erlernen: sich selbst der beste Freund zu sein. Genau darauf sind wir alle angewiesen, wenn wir leben wollen, und wenn Liebeskummer uns zu dieser Erkenntnis führt, ja erschüttert, dann hat er sich gelohnt. Dann hat er uns zwar um Illusionen ärmer, aber doch um viele Gefühle und irgendwann auch um eine neue behutsam und zart keimende Hoffnung reicher gemacht, daß vielleicht doch Begegnung möglich, aber sehr viel fragiler und verletzlicher sei und daß es nichts Sicheres, schon gar nicht das Geschenk eines anderen Menschen gibt, jedenfalls nicht als Garantie fürs Leben.

Die Wege der Zärtlichkeit sind nicht berechenbar, nicht beliebig zu bahnen und zu manipulieren. Ein wenig scheint ihnen von dem Geist innezuwohnen, »der weht, wo er will«. Bitteres Glück und süßer Schmerz heften sich auf seine Spuren, heimliche und verbotene Zärtlichkeiten werden mit doppelter Einsamkeit, mit Schuld und Scham bezahlt. Demgegenüber erscheinen die legitimen und gebotenen schal und entarten zur Pflicht – während die Süße des außerhalb dieser Pflicht Genossenen im Salz der Tränen erstickt und unbekömmlich wird.

Zärtlichkeit ist das geheime, aber vielleicht größte Thema jener Zauberkraft der Natur, die wir mal Liebe, mal Eros nennen, bald göttlich, bald teuflisch empfinden. Je mehr sie sich auf einen Menschen richtet, um so gefährdeter scheinen ihre Kräfte und Gefühle zu sein. Am idealsten, aber weltentferntesten mag sie noch der Dichter oder Musiker erahnen in jenem großen »Seid umschlungen, Millionen, diesen Kuß der ganzen Welt«. So mag die Zärtlichkeit Gottes gegenüber seiner Schöpfung sich äußern. Und vielleicht ist unsere menschliche, auf Menschen fixierte Zärtlichkeit nur ein Abbild *in nuce*, nur eine Abkürzung, eine Miniatur jener Kraft, die alle Menschen und alles Leben vereint und umschließt.

Im Alter wird man nicht etwa unsensibel hierfür, sondern – wenn auch innerlicher vielleicht – nur um so sensibler. Das setzt aber voraus, daß man offen und beeindruckbar geblieben ist, flexibel und lernfähig.

Beweglich voranschreiten und nicht auf dem einmal Erreichten sitzen bleiben und nur träge genießen wollen. Das Leben hält viele Überraschungen für den Menschen bereit. Oft heißt es: Abenteuer eingehen, Ungewohntes und Unbekanntes wagen, ja sogar Risiken in Kauf nehmen, den Mut nicht verlieren, wenn etwas mißlungen ist. Wer diesen Weg geht, wer gegen das Altern in jeder Situation ankämpft, wird unterwegs immer wieder jugendlicher Lebensfreude und Liebe begegnen.

Altern heißt Enttäuschungen, Ungenügen, Unerfülltheit, Leiden, Schmerz und Sehnsucht nach dem Unvergänglichen. Dies ist bei einem jungen Menschen ausgeprägter als bei einem Älteren. Um dem entgegenzutreten, müssen wir mit Lebenslust, Lebensfreude, Lebenserfüllung und Lebensplanung antworten. Leben und Liebe finden wir dort, wo die Funken unaufhörlich zwischen diesen beiden Polen sprühen. Dieses Erleben beginnt – noch unbewußt – bei einem Kind und wird – immer klarer bewußt – bis zum Lebensende wirksam sein. Nur die Akzente verschieben sich je nach Jahren. Altern hat also keineswegs mit dem kalendarischen Alter zu tun, denn als alter Mensch kann ich genauso empfinden, fühlen und lieben wie ein junger Mensch. Vielfach wird sogar erst in späteren Jahren das beständige, geduldige, ewigkeitsverheißende Lieben des wahren Lebens möglich. Trotzdem darf ich als junger Mensch nicht im Hinblick auf die vielen Jahre, die noch vor mir liegen, sagen: »Irgendwann lacht auch mir die Liebe.« Sicher kommt sie nicht zu jedem, wie er es gerne möchte, doch wir alle können viel dafür tun, daß sie uns begegnet. Wer nicht frühzeitig altern will, muß mit offenen Augen durch die Welt gehen, andere Menschen mit ihren Gefühlen wahrnehmen, Wünsche anderer erkennen und nicht nur das Negative, sondern auch das Positive in anderen erkennen und immer wieder suchen. Wer in diesem Sinne lebt, wird die Liebe, wenn sie ihm begegnet, erkennen, die uns die Furcht vor mancherlei Dingen im Leben nimmt.

»Mein Gott, Mutter, das ist doch nicht dein Ernst!« Inge schlägt die Hände vors Gesicht. »Du hast einen Freund und willst mit ihm zusammenziehen? In deinem Alter?«

»Warum denn nicht? Ich will mit meinen sechzig Jahren noch nicht zum ›alten Eisen‹ gehören. Du bist versorgt, warum soll ich nicht auch einmal an mich selbst denken?«

Seit dem Tod ihres Mannes vor fünf Jahren lebte Herta allein in ihrer Wohnung, bis sie während eines Urlaubs mit einer Reisegesellschaft Alfred, einen Rentner von dreiundsechzig Jahren, kennenlernte, der ebenfalls verwitwet war. Sie trafen sich regelmäßig, und bald verband sie eine innige Freundschaft.

Ist es eigentlich so außergewöhnlich, wenn auch ältere Menschen sich noch nach der Liebe sehnen? Haben sie nicht genauso das Recht auf Zuwendung, Zärtlichkeit und Liebe, oder sind diese Dinge nur den jüngeren Leuten vorbehalten? Dabei ist es doch bereits schwierig genug für den älteren Menschen, einen Partner in seinem Alter kennenzulernen. Viele sind da bereits vergeben.

Altern ist als eine Krise der Vorstellungskraft beschrieben worden. Manche Männer und Frauen verlieren völlig die Nerven, wenn ihr vierzigster oder fünfzigster Geburtstag näherrückt. Sie glauben, jetzt müsse die Impotenz oder das Ende ihrer sexuellen Möglichkeiten beginnen.

Allmählich sollte sich die Gesellschaft darüber klarwerden, daß eine ältere Frau genauso attraktiv sein kann wie eine um zehn oder fünfzehn Jahre jüngere. Es ist auch nicht obszön, wenn sie in reiferen Jahren noch Spaß am Sex hat.

In unserer Gesellschaft ist es heutzutage weit verbreitet, daß ältere Männer sich mehr zu jüngeren Frauen hingezogen fühlen als zu denen in ihrem Alter. Warum das so ist? Nun, viele Männer möchten sich in erster Linie wohl selbst beweisen, daß sie noch jung sind und sich körperlich angesprochen fühlen. Ganz oft tun sie diesen Schritt auch aus dem Grunde, jemanden zu finden, dessen seelische Reife ihrer eigenen entspricht. Wenn ein fünfzigjähriger Mann einmal darüber nachdenkt, was er in sich selbst findet, kann es durchaus passieren, daß seine emotionale Reife der eines zwanzigjährigen Mädchens entspricht, weil es ganz anders und in einer anderen Generation aufgewachsen und deshalb oft viel besser in der Lage ist, die eigenen Gefühle zu erkennen. So gesehen ist es vielleicht gar nicht einmal verkehrt, wenn sich zwei Menschen verschiedenen Alters zusammentun.

So weit zu den älteren Männern, doch wie geht es einer Frau, die bereits die Mitte des Lebens überschritten hat? Wird sie nicht oft belächelt, wenn sie sich einen Mann zum »Freund« nimmt, der zehn oder fünfzehn Jahre jünger ist als sie selbst? Schon der Ausdruck »Freund« klingt unnatürlich bei älteren Menschen; dabei handelt es sich doch um die gleiche Beziehung wie bei einem jungen Paar. Wenn es sich dann noch um einen jüngeren Mann handelt, kann sie leicht in Verruf geraten.

Ältere Frauen haben das gleiche Anrecht auf eine glückliche partnerschaftliche Beziehung wie eine jüngere Frau. Jeder von uns möchte alt werden, aber nicht alt sein, weil eine verrückte Wertwelt die unreifen Phasen des Lebens gegenüber den reifen aufwertet und damit zwangsläufig das Alter abwertet.

Dabei muß sich jeder klarmachen, daß Alter nicht nur

Abbau ist, sondern auch Freizeit, Muße, Sorglosigkeit, Frieden, Glück, Freiheit, Liebhabereien, Lebensfülle, Reife, Interessen, Reisen umfassen kann. Es liegt an jedem, aber auch an der gesellschaftlichen Moral, wie das Alter zu sehen ist und was man für ein sinnerfülltes Leben tun kann.

Eine zweiundsechzigjährige Frau, die nach dem Tod ihres Mannes seit einigen Jahren in einer Sozialstation arbeitet, sieht wieder einen Sinn in ihrem Leben. Was für sie das Wichtigste ist: daß sie wieder mit vielen Menschen in Berührung kommt.

Eine andere Frau von fünfundfünfzig Jahren, deren Mann sie nach zwanzigjähriger Ehe wegen einer jüngeren Frau verließ, schildert ihr Schicksal so: »Als Robert mich verließ, brach für mich eine Welt zusammen. Das war's, dachte ich, was kann ich in meinem Alter noch vom Leben erwarten? Einen neuen Partner finde ich jetzt nicht mehr, die Kinder sind aus dem Haus. Schwere Depressionen ließen nicht lange auf sich warten. Heute arbeite ich in einem Krankenhaus. Wenn ich die Leiden dort tagtäglich miterlebe, schäme ich mich manchmal fast, daß ich mein Leben wegwerfen wollte. Ich bin gesund, habe noch alle meine Gliedmaßen, mein Körper ist wieder fit, mein Geist auf der Höhe, und ich kenne viele nette Leute hier. Erst jetzt weiß ich, daß man auch in älteren Jahren seinem Leben noch einen Sinn geben muß. Einen Partner, mit dem ich glücklich sein kann – ich gebe die Hoffnung nicht auf, daß er mir vielleicht eines Tages begegnen wird. Ich kann heute wieder mit offenen Augen durch die Welt gehen und übersehe hoffentlich das Glück nicht, wenn es mir begegnet, denn für einen neuen Anfang mit einem anderen Menschen ist es niemals zu spät.«

Da ist ein älterer Mann, der in seiner freien Zeit ein Ehrenamt übernommen hat, er ist für den örtlichen Sportverein tätig. Dabei ist er mit anderen Menschen zusammen, und, was wohl am wichtigsten ist, er hat das Gefühl, noch gebraucht zu werden, und fühlt sich gleichzeitig jung genug, um noch eine Aufgabe verrichten zu können, die ihm Spaß macht.

Für viele Menschen ist der Begriff »Alter« immer noch mit Einsamkeit, Behinderung, Abbau, Krankheit, Verfall, Verkalkung, Abhängigkeit, Gedächtnisschwund und Altersheim verbunden. Natürlich bringt das Älterwerden in biologischer Hinsicht einen Abbau mit sich, aber nicht so negativ, wie er sich in den Befürchtungen des Menschen in den sogenannten besten Lebensjahren spiegelt. Untersuchungen haben ergeben, daß die Jahre zwischen Vierzig und Fünfzig die schwierigsten und problematischsten sind, und die Jahre über Fünfzig halten dem Jahrzehnt zwischen Dreißig und Vierzig durchaus stand. Warum soll ein Mensch über fünfzig Jahre nicht noch eine neue Partnerschaft wagen, wenn er bis dahin mit seinem Partner glücklich war und ihn aus irgendwelchen Gründen verloren hat?

Für die meisten Menschen ist Alter durchaus nicht von Schmerz und Krankheit beherrscht. Der Abbau geht vielmehr friedlich vonstatten, allerdings nehmen – wie bei einem alten Wagen – die »Reparaturen« zu, und das Tempo wird langsamer. Wer aber vorsichtig mit sich umgeht, wird darunter kaum leiden.

Positiv kann man sein Alter aber nur werten, wenn man sehenden Auges und bewußt planend darauf zugeht. Je näher wir dem Alter kommen, desto mehr wehren wir – jedenfalls die meisten – die Beschäftigung mit ihm ab. »Das hat noch Zeit, das geht mich noch nichts an, noch stehe ich im Beruf, das ist was für Leute, die noch viel älter sind als ich«, diese Antworten hört man oft von Menschen, die aber auch schon die Mitte des Lebens überschritten haben, auf Angebote von Seniorenprogrammen, Freizeitbeschäftigungen für ältere Menschen. Untersuchungen haben gezeigt, daß viele Menschen erst in den letzten fünf Jahren vor Erreichung des Ruhestandes für die Probleme ansprechbar sind, die sie danach betreffen.

Wie viele ältere Menschen schließen sich heute einem Sportverein an, wie viele Reiseangebote gibt es speziell für ältere Menschen? Wie herrlich ist es, all diese Sachen in späteren Jahren noch mitmachen zu können. Man muß sich nur früh genug darauf vorbereiten.

Der Mensch, der die Zeit bewußt erlebt, fragt sich: Wieviel Zeit habe ich heute, morgen, in dieser Woche, in diesem Monat, in diesem Jahr? Er teilt sie ein in vorbestimmte – wie für den Nachtschlaf und für die Erholungspause, für Arbeit und Aufgaben, für täglich wiederkehrende Verpflichtungen und zeitabhängige Gewohnheiten – und frei verfügbare Zeit, die er mit neuen Impulsen und Aktivitäten erobern und gestalten kann. Gerade das letztere darf während des ganzen Lebens nie verlorengehen, wenn das Alter glücklich werden soll. Nur dann wird freie Zeit nicht fürchtenswert, sondern erstrebenswert. Wer nie Langeweile hat, wird auch kaum Depressionen fürchten müssen. Er wird sich gegen das eine Extrem – die überfüllte Zeit – ebenso wehren wie gegen das andere – die entleerte Zeit –, den Leerlauf, der unzufrieden und im negativen Sinne des Wortes alt macht.

Der Mut,
allein zu sein

Polare Spannungen aushalten

Die polare Spannung zwischen Einsamkeit und Gemeinschaft, Alleinsein und Sehnsucht nach Zusammensein läßt sich nie ganz aufheben. Sosehr es den Menschen zur Verbindung drängt: Die Einsamkeit ist seine grundlegende Existenzform. Auch die Zeit der Paarbildung ist begrenzt und erstreckt sich – bei den Menschen, die in Paaren leben – auf allenfalls einige Jahrzehnte des mittleren Lebensabschnittes und auch hier nicht auf die ganze Zeit. Und unsere einschneidenden Erlebnisse haben wir allein. Ortega sagt: »Ein jeder hat sein eigenes Leben zu leben, niemand kann ihn beim Geschäft des Lebens vertreten… Der Zahnschmerz, den er spürt, ist unweigerlich sein eigener Zahnschmerz, er kann ihn nicht einmal teilweise einem anderen abtreten; auch kann kein anderer für ihn auswählen und entscheiden, was er tun und was er sein soll; niemand kann an seiner Stelle fühlen und wollen; und endlich: Es ist ihm unmöglich, durch einen Mitmenschen die Gedanken denken zu lassen, die er denken muß, um sich in der Welt, will sagen der Welt der Dinge und der Welt der Menschen, zu orientieren und die passende Verhaltensweise zu finden… Und da dies für meine gesamten Entscheidungen, Willensakte, Empfindungen zutrifft, so kommen wir nicht umhin, schließlich zu dem Ergebnis zu gelangen, daß das menschliche Leben… wesentlich Einsamkeit, radikale Einsamkeit ist.«

Es ist die polare Spannung zwischen Einsamkeit und Gemeinsamkeit, die wir auszuhalten haben und die uns oft vergessen läßt, daß wir im Grunde einsam sind.

Zugleich ist es die polare Spannung der Geschlechter, in der jedes Geschlecht – getrieben von der Sehnsucht nach dem anderen – sein Fürsichsein um so stärker erlebt. Dabei scheint Einsamkeit den Mann oft schwerer zu belasten als die Frau, die meist gewohnt ist, für sich selbst zu sorgen und die Alltagsarbeiten leichter zu bewältigen. Darum sind Männer oft eher in Gefahr, in eine chaotische Lebensführung, in Depressionen, Alkohol, Drogen und andere Suchtmittel abzugleiten. Natürlich sind daran auch Frauen in ihrer Entwicklung schuld, die sie von klein auf verwöhnt und abhängig gemacht haben. Aber auch objektiv haben es Junggesellen nicht immer leicht. Im Arbeitsleben werden sie eher entlassen, weil bei ihnen nicht die Existenz einer ganzen Familie auf dem Spiel steht. Karriere machen Junggesellen seltener, eben weil ihre Lebensführung labiler ist. Außerdem bekommt der ledige Mann oft alle die Jobs aufgehalst, die einem Familienvater nicht zugemutet werden können. Wenn jemand gesucht wird, der reisen oder länger im Ausland tätig sein kann, so ist dies bevorzugt der Junggeselle. Dies hört sich zunächst interessant an. Aber zugleich ist durch solche Außenposten zumeist die Chance erschwert, sich innerhalb einer Firma hochzuarbeiten. Außerdem sind diese Außenstellen nur mit noch größerer Isolierung und Vereinsamung verbunden.

Junggesellen haben es schwer, Geselligkeit zu pflegen. Sie gehen einfachheitshalber in die Kneipe um die Ecke. Aber Gäste zu sich einzuladen überfordert sie häufig, und es macht wenig Spaß, für Gäste zu sorgen, wenn keine Gastgeberin zur Seite steht, die sich mit Charme um die Atmosphäre und die Gäste kümmert. Wenn er selbst irgendwo eingeladen ist, begleitet ihn das Problem, daß er entweder allein dasitzt oder es schwer ist, eine Tischdame für ihn zu finden.

Er hat es nicht leicht, seinen Katzenjammer loszuwerden. Frauen unter sich können sich leichter aussprechen (ein Musterbeispiel ist das Buch von Eva Heller: »Beim nächsten Mann wird alles anders«). Er kann sich – aufgrund seines männlichen Selbstverständnisses – schwerer ausheulen und trösten lassen.

Andererseits sind Junggesellen in der Öffentlichkeit der Lokale beweglicher, können, wenn sie Kontakt suchen, diesen ein wenig risikoloser finden, und manche Junggesellen haben sich an diese Lebensform schon so gewöhnt, daß sie sie nicht missen möchten.

Alleinstehende Frauen empfinden ihr Schicksal – im besten Falle auch selbstironisch – im häuslichen Kreise erträglich, aber in der Öffentlichkeit durchaus nicht gleichwertig. Die alleinstehende Frau hat zwar das Wahlrecht, und sie kann – in Grenzen, versteht sich – Karriere machen. Sie strebt nach Selbstverwirklichung und Unabhängigkeit und erreicht sie auch oft genug. Aber heftiger noch scheint das Streben nach Partnerschaft und glücklicher Begegnung mit dem Mann (und möglichst irgendwann auch Bindung an ihn) zu sein. Aber Bindung ist nun einmal mit Abhängigkeit verbunden, und das macht die Entscheidung so schwer. Eine unverheiratete Frau möchte ihre Stellung auch so anerkannt wissen und möchte sich auch als einzelner Mensch verwirklichen können. Aber sie hat bis heute nicht einmal die gleichen gesellschaftlichen Chancen wie der Mann. Die meisten Frauen arbeiten in einfachen und mittleren Stellungen. An den Ausbildungen der Mädchen wird gespart. Fast die Hälfte der berufstätigen Frauen, die in Lohnverhältnissen arbeiten, sind Hilfsarbeiterinnen. Bei den Angestellten bleiben drei Viertel in unteren Positionen. Das Einkommen der Frauen liegt im Schnitt über dreißig Prozent unter dem der Männer. Während fast jedes zweite Mädchen eine weiterführende Schule beginnt, macht doch nur jedes sechste Examen – fünf Sechstel sind Männer.

Die meisten Professoren erwarten weniger von den Studentinnen und unterstellen ihnen offen oder unbewußt studienfremde Absichten. Eine Studentin gab unumwunden zu, daß sie sich in Anwesenheit der Männer dumm stelle, weil sie sonst geringere Chancen habe.

Auch im privaten Bereich sieht es nicht viel besser aus. Hier sind die Etablierten und Erfolgreichen eben die Verheirateten, und sie lassen es die unverheiratete Frau spüren. Eine von ihnen beschrieb die Lage so: »Die meisten Verheirateten meinen, daß man nur in der Ehe glücklich sein kann… Also bleibt das höchste Ziel aller Alleinstehenden die Ehe. Es fehlt dann auch nicht an liebevollen Nachfragen und Ermunterungen (›schließlich wollen deine Eltern doch auch mal Enkel sehen‹). Mich macht dabei stutzig, daß diese Attacke besonders häufig von unglücklich Verheirateten geritten wird.«

Gilt der alleinstehende Mann im Kreis von Verheirateten im besten Fall als amüsanter Unterhalter, als beliebter Hausfreund, als guter Onkel, so ist die alleinstehende Frau sehr rasch die »alte Jungfer«. Was bei einer verheirateten Frau als herzhaft gilt, daß sie beispielsweise raucht und trinkt, gilt bei einer Alleinstehenden leicht als lasterhaft. Und wehe ihr, wenn sie nicht in Anwesenheit verheirateter Frauen und ihrer Männer die Blicke züchtig senkt und sich zurückhält. Ihre Rechte sind durch Konventionen beschnitten, die schwer faßbar und benennbar sind. Alleinstehende Frauen berichten immer wieder, daß sie in Gaststätten nachlässig bedient und gegenüber Männern oder Ehepaaren zurückgesetzt werden. Die meisten von ihnen haben mehr oder minder ausgeprägte Symptome fast neurotischer Angst, die sie hindert, öffentliche Lokale frei und selbstbewußt zu betreten. Den entsprechenden Ausgleich durch Einladungen in familiäre Kreise müssen sie meistens auch vermissen, denn verheiratete Paare pflegen in der Regel auch nur Verheiratete einzuladen. Und die beliebten

Gespräche über Kinder, Schule, Urlaubserinnerungen können sie kaum bestreiten.

Werden umgekehrt die Unverheirateten hier nicht vielmehr zu einer Bedrohung der Ehen? Gewiß stellen die unverheirateten Frauen für viele Ehefrauen, die ihrer Männer nicht ganz sicher sind, eine Herausforderung dar. Diese macht sie gelegentlich unsicher. Um so mehr neigen sie dann dazu, ihre Position zu festigen.

Vielleicht sollten sie diese Konkurrenz begrüßen. Die unverheiratete Frau, die vielfach selbstbewußter, gepflegter und anspruchsvoller auftritt, hindert die verheiratete Frau geradezu daran, in den überholten Status eines von der Außenwelt isolierten Heimpusselchens oder einer erotisch abgestorbenen Matrone zu verfallen.

Vielleicht kann auch diese polare Spannung ausgehalten und fruchtbar gemacht werden. Eine objektiv bessere Lebensform gibt es nicht – wie auch schon Kurt Tucholsky so lakonisch-schnoddrig schrieb:

> *Lebst du mit ihr gemeinsam – dann fühlst du dich recht einsam.*
> *Bist du aber alleine – dann frieren dir die Beine.*
> *Lebst du zu zweit? Lebst du allein?*
> *Der Mittelweg wird wohl der richtige sein.*

Was allerdings mit dem erwähnten Mittelweg gemeint sein könnte, bleibt offen. Soll es etwa der Wechsel, soll es das halbe Engagement oder soll es nicht doch das Aushalten polarer Spannungen zwischen beiden Existenzformen sein?

Voraussetzung für beides – die Paar- wie die Einzelexistenz – ist, daß man sich selbst akzeptiert, ja mehr noch, daß man sich selbst zum Freund hat.

Sich selbst der beste Freund sein

Der Einsame führt das radikalste Leben, die entschiedenste Existenz, die unausweichlichste Weise, der Wahrheit ins Auge zu sehen. Er lebt zwischen den Abgründen der Verzweiflung und der Langeweile, Auge in Auge mit dem Nichts oder dem Gegenüber Gottes. Arm an Trost und reich an Zweifeln, Krisen und Schwankungen, ausgesetzt und auf sich selbst geworfen, ist er vor allem auf eines angewiesen: daß er sich auf sich selbst verlassen kann, daß er weiß, wen er an sich hat, daß er sich akzeptiert, bejaht und liebt – kurz, daß er selbst sein bester Freund ist.

Er kann nicht umhin, ein ganzer zu werden, Licht und Schatten in sich zu erkennen, auszuhalten und zu vereinen. Er muß in seinem Selbst *Animus* und *Anima* integrieren, muß Mann und Frau in einem sein, insoweit er als Einsamer ein ganzer Mensch und darum ausgeglichen, abgerundet und harmonisch leben will.

Kein Mensch zweifelt daran, daß man aus Beziehungen Kraft gewinnen, aus Liebe und Partnerschaft wie aus einer Quelle schöpfen kann. Wenn dies so ist, wird man auch nur aus einer guten Beziehung zu sich selbst Stärke ableiten, also »Kraft aus der Einsamkeit« schöpfen können.

Einsamkeit hat viele Gesichter und ermöglicht auch viele innere oder äußere Begegnungen. Die wichtigste aber bleibt wohl das harmonische, gelungene, ausgewogene und freundliche Verhältnis des Einsamen zu sich selbst. Wie soll er Abstand, vielleicht auch Kritik, In-Frage-Stellung, Zweifel und Anfeindungen überstehen, wenn er nicht im Innersten zu sich selbst steht? Ich muß mich mögen, muß unbeirrbar und unverdrossen mich, auch meine Schwächen und Fehler akzeptieren und ein ähnliches Urvertrauen und eine Urvertrautheit zu mir haben wie zu meinen allerersten Bezugspersonen, den Eltern. Gerade sie sind es natürlich, die dem erwachsenen alleinlebenden Menschen wahrscheinlich die Grundlage für dieses Verhältnis zu sich selbst geben müssen. Es ist aber keineswegs ausgeschlossen, daß wir es uns auch später erarbeiten, daß andere uns dazu helfen und daß wir selbst das Fundament für dieses Selbstvertrauen mit der Zeit so stabil legen, daß uns im Grunde nichts umwerfen kann. Dies darf nicht heißen, daß wir wie gepanzert und nicht erschütterbar durch die Welt stampfen. Aber bei aller Sensibilität und Irritierbarkeit, die das fühlsame Umgehen mit Menschen und Dingen verlangen, darf uns doch nicht jedes Ereignis, jede Abwendung eines anderen an den Wurzeln treffen und gänzlich aus den Angeln heben. Wenn wir nicht zu uns stehen – wer soll es sonst tun? Und umgekehrt hat ein solches Selbstvertrauen meistens auch eine ansteckende Wirkung – etwa, wie es im »Faust« heißt: »Sofern Ihr Euch nur selbst vertraut, vertrauen Euch die andern Leute.« Man merkt es einem Menschen an, ob er sich mag, sich etwas gönnt und gut zu sich sein kann. Ihm trauen wir eher zu, daß er auch gut zu anderen ist. Dies verhindert, daß aus der Einsamkeit Isolation, totale Abkapselung und jene tödliche Grenzziehung von seiten der Außenwelt wird, die uns an der Einsamkeit so schwer leiden läßt.

Wer Freundlichkeit bewahren will, muß den andern freundlich entgegenkommen, muß Freundlichkeit ausstrahlen. Und gleichsam die Batterie für das Aufladen dieser Freundlichkeit ist die unermüdlich freundliche Beziehung zu sich selbst. Dies kann ich pflegen, indem ich mich – in den Spiegel blickend – mit Freude begrüße und mir vielleicht selbst etwas Nettes sage. Danach leiste ich mir ein gutes Frühstück und nehme mir viel Zeit, genieße den duftenden Kaffee, lasse mich von den Strahlen der Morgensonne durchwärmen, streife allmählich die Nacht und Morgenträgheit ab, freue mich auf die Arbeit und nehme sie danach unverzüglich und gern in Angriff. Eins nach dem anderen erledige ich – freue mich über das Getane und auf das noch zu Tuende. So geht der Tag dahin. Wer mit Freude arbeitet, wird weniger erschöpft, ist auch am Abend – nach einer kurzen Erholungspause – schnell wieder frisch. Ich freue mich auf die Freizeit, auf das, was ich mir – allein oder mit anderen – vorgenommen habe. Und genauso freue ich mich auf das Ende des Tages, ein paar vertiefende Gedanken, ein meditatives Gebet, die Stille und schließlich den tiefen, ungestörten Schlaf.

Einen Freund behandelt man gut und gönnt ihm das Beste. Wer sich selbst zum Freund hat, kann sich nicht schlecht behandeln, sich treiben und stressen, hetzen und von einer Unzufriedenheit zur anderen jagen. Wer es nicht versteht, sich Freude zu gönnen und auch die Last noch in eine Lust umzumünzen, ist gewiß kein Lebenskünstler und wird es schwer haben, allein zu leben und womöglich auch noch glücklich zu werden. Nur der wird es, der anderen das Beste gönnt, sich selbst aber auch – nach dem wenig beachteten und doch ausgewogenen Doppelappell des christlichen Liebesgebotes: Du sollst den Nächsten lieben wie dich selbst, eben dich selbst auch.

Nur so kann man in Einklang mit sich kommen, kann die Stunde, den Tag durch die Seele rinnen lassen wie an einem sorglosen Tag am Strand den weißen, warmen Sand – zeitlos, ohne Zweck und doch nicht ohne Sinn.

Aus Einsamkeit wird Freiheit

Für die geistige Existenz ist Unabhängigkeit und darum wohl ein hohes Maß an Einsamkeit die Atemluft, ohne die sie ersticken würde. Dies führt auch immer wieder zu der Abwägung, die Kierkegaard – im Anschluß an Sokrates – anstellt: »Heirate – du wirst es bereuen. Heirate nicht – du wirst es bereuen. Heirate oder heirate nicht – du wirst beides bereuen.« Und als Franz Kafka seine Beziehung zu Felice Bauer prüfte, mit der er verlobt war und die er heiraten wollte, stellte er – unter dem 21. Juli 1913 in seinen Tagebüchern nachzulesen – all das zusammen, »was für oder gegen meine Heirat« sprach. Da heißt es unter Punkt eins: »Den Ansturm meines eigenen Lebens, die Anforderungen meiner eigenen Person, den Angriff der Zeit und des Alters, den vagen Andrang der Schreiblust, die Schlaflosigkeit, die Nähe des Irreseins – alles dies allein zu ertragen bin ich unfähig. Vielleicht, füge ich natürlich hinzu. Die Verbindung mit F. wird meiner Existenz mehr Widerstandskraft geben.« Unter Punkt drei heißt es aber bereits: »Ich muß viel allein sein. Was ich geleistet habe, ist nur ein Erfolg des Alleinseins.« Und zwei Punkte später beschreibt er »die Angst vor der Verbindung, dem Hinüberfließen, dann bin ich nie mehr allein«. Nie mehr allein zu sein scheint ihm fast noch bedrohlicher als immer allein zu sein. Es würde ihn seiner Freiheit und damit seiner Geistigkeit und seiner Schöpferkraft berauben.

Freiheit bedeutet, daß ich schöpferisch den Sinn meiner Existenz bestimmen, ihr Vorzeichen umpolen, auch das Minus in ein Plus verwandeln kann. Statt in Passivität, Depression und Lähmung zu versinken, kann ich mich dem Tagebuch anvertrauen. Indem ich Briefe schreibe,

»trete ich langsam heraus aus meiner Einsamkeit... Ein dritter Weg, in der Sprache aus meiner Einsamkeit herauszutreten, das ist mein Gedicht... Gegen den Kummer anschreiben, die Einsamkeit in Worte fassen, das ist ein schöpferisches Trotzdem« (Hans-Eckehard Bahr).

Teil und Zeichen meiner schöpferischen Freiheit ist auch, daß ich mitten in der Einsamkeit Sinn stifte, Negatives durchkreuze, also das Kreuz zum Pluszeichen werden lasse. So schreibt es Manès Sperber: »Nur in den Augenblicken der alles verfinsternden Verzweiflung war ich allein. Sonst gelang es, die Zelle mit all jenen zu bevölkern, die mir je etwas bedeutet hatten. Ich kann mit ihnen sprechen, kann sie zu einem Teil meiner selbst werden, sie an meinem Schicksal teilnehmen lassen – wenn auch nur in meinem Inneren, aber dort ist meine Freiheit.«

> »Wer jetzt allein ist, wird es lange bleiben,
> wird wachen, lesen, lange Briefe schreiben...«,

hat auch Rainer Maria Rilke in seinem bekannten Herbstgedicht als gleichsam positive Variante, als Alternative zur Verzweiflung anzubieten. Sein so bekanntes Gedicht »Herbsttag« ist von einer wehmütig-heiteren Einsamkeit erfüllt.

Von einer viel kälteren Herbstverlassenheit zeugt das andere – von Friedrich Nietzsche –, an das es trotz allem so sehr erinnert.

Vereinsamt
Die Krähen schrein
Und ziehen schwirren Flugs zur Stadt:
Bald wird es schnein –
Wohl dem, der jetzt noch – Heimat hat!

Nun stehst du starr,
Schaust rückwärts ach! wie lange schon!
Was bist du Narr
Vor Winters in die Welt entflohn?

Die Welt – ein Tor
Zu tausend Wüsten stumm und kalt!
Wer das verlor,
Was du verlorst, macht nirgends Halt.

Nun stehst du bleich,
Zur Winter-Wanderschaft verflucht,
Dem Rauche gleich,
Der stets nach kältern Himmeln sucht.

Flieg, Vogel, schnarr
Dein Lied im Wüstenvogel-Ton! –
Versteck, du Narr,
Dein blutend Herz in Eis und Hohn!

Die Krähen schrein
Und ziehen schwirren Flugs zur Stadt:
– bald wird es schnein,
Weh dem, der keine Heimat hat!

Auch Nietzsche hat immer wieder die verzweifelte Flucht aus der Kälte seiner Einsamkeit angetreten, Freundschaften gesucht und wohl auch – Lou Andreas-Salomé gegenüber – einen Heiratsantrag ausgesprochen. Er wurde nicht erfüllt, und seine Einsamkeit ging in Wahnsinn über. Zugleich war sie Voraussetzung eines der gewaltigsten philosophisch-literarischen Werke seines Jahrhunderts, höchster, gott- und menschenverlassener Freiheit, auf die Spitze getriebener Existenz und einer Einsamkeit, die keine Steigerung mehr zuläßt und an der Freiheit in Wahnsinn umschlägt und schließlich im Tode endet.

An dieser Stelle muß auch der Bedeutung des Freitodes als der anderen Möglichkeit im Schnittpunkt von Einsamkeit und Freiheit gedacht werden. Hans Jürgen Baden sagt zutreffend über ihn: »Der Suizid setzt dem unerträglichen Zustand, als welcher die Vereinsamung empfunden wird, ein Ende.« Er unterscheidet aber von dem unfreiwilligen Verzweiflungs-Suizid den eigentlichen Freitod, »der seinen Namen zu Recht trägt«. »Wir denken an Gestalten der Literatur wie Werther oder in jüngster Vergangenheit an Cesare Pavese, Ernest Hemingway, Klaus Mann, Jean Améry: Immer ist, wenn sie zur Tat schreiten, eine Aura tödlicher Verlassenheit um sie.«

In der Regel wird der Freitod einsam begangen und wächst auch aus der Einsamkeit hervor. Aber: »Nicht in der Einsamkeit lauert die Gefahr, sondern in der Sinnlosigkeit, die überall von den Wänden des einsamen Daseins herabtropft. Durch die Sinnlosigkeit erfolgt die ständige Evokation einer Vereinsamung, welche sich nicht mehr bewältigen läßt« (Baden).

Einsam und nah am Abgrund sind nicht allein die großen Existenzdenker und -dichter. Im Grunde ist es jeder verantwortlich denkende und handelnde Mensch, vor allem aber der, in dessen Kopf die Entscheidungen fallen, die für viele andere lebensbestimmend sind. Menschen in der Verantwortung, vor allem an der Spitze von Gemeinwesen, Unternehmen oder Verbänden, sind oft einsam. Dies hat viele verschiedene Gründe: Respekt ist einer der besten noch. Niemand traut sich an sie heran, mit ihnen vertraut zu sein, wie auch umgekehrt sie ihr Vertrauen rar dosieren müssen.

Ein weiterer Grund liegt darin, anzunehmen, wichtige Leute hätten keine Zeit und man müsse sie schonen, dürfe sie nicht ansprechen. Dieses Vorurteil trifft übrigens in den meisten Fällen nicht zu, weil erfolgreiche Leute in der Regel auch gut organisiert sind, schnell und effektiv arbeiten können.

Entscheidende Menschen sind aber auch deshalb oft einsam, weil Verantwortung schwer teilbar ist. Sie bleiben mit ihren Entscheidungen allein, und bei folgenschweren Entscheidungen drängt sich auch niemand, sie ihnen abzunehmen oder mit ihnen zu teilen. Am einsamsten sind sie natürlich bei Rückschlägen und Mißerfolgen. Der Erfolg hat viele Väter – der Mißerfolg immer nur einen.

Und dann spielen eine große Rolle Angst und Mißtrauen gegen Konkurrenz, Hintergangenwerden, Verrat und Intrige. Am größten allerdings ist die Einsamkeit der Erfolgreichen, wenn ihr Erfolg vergangen ist oder wenn sie gar abgestürzt sind in den Abgrund des Scheiterns.

Charles de Gaulle schrieb einmal: »Im Tumult der Menschen und Ereignisse war die Einsamkeit meine Versuchung. Jetzt ist sie meine Freundin. Mit welcher anderen sollte man sich begnügen, wenn man der Geschichte begegnet ist.« Dies klingt bitter und süß zugleich: Zeugnis eines Großen, der die Einsamkeit erfahren und sich mit ihr arrangiert hat.

Einsamkeit, Scheitern und Tod – dies ist ein Dreiklang, in dem jedes auch noch so positiv angesetzte Nachdenken über das Einsamsein wohl ausklingen muß.

Wenn wir ehrlich sind, müssen wir zugeben – und jede große Biographie lehrt es uns – spätestens an ihrem Ende: Unser Leben ist zum Scheitern bestimmt.

Nicht nur, daß alle Großen auf Erden scheiterten: Sokrates nahm den Schierlingsbecher, der sein körperliches Ende besiegelte. Seine geistige Bilanz war: »Ich weiß, daß ich nichts weiß.« Christus starb am Kreuz und schrie aus einsamer Verzweiflung die Frage in den offenen Himmel: »Mein Gott, mein Gott, warum hast du mich verlassen?« Luthers Fazit war: »Wir sind Bettler, das ist wahr.« Goethe, auf der Höhe des Olymps, sehnt sich in der Finsternis des Todes nach »mehr Licht«. Er weiß: »Alles, was besteht, ist wert, daß es zugrunde geht.« Dies ist bei ehrlicher Überlegung unser aller Bilanz. Auch die größte Weltmacht ist untergegangen, auch der Reichste muß einmal in das »letzte Hemd, das keine Taschen hat«, muß wie der reiche Kornbauer hören: »Heute wird man deine Seele von dir fordern, und wes' wird sein, das du bereitet hast?«

Auch das grandioseste Wissen endet mit dem Tod und kann nicht vererbt werden; das Leben aller, die nach Ehrlichkeit streben, verlief anders, als sie es in jungen Jahren wünschten. Es ist bemerkenswert, wie viele heute gefeierte Geister in ihrer Zeit einsam, arm und verbittert, unverstanden und bekämpft, von Freunden und Familie verlassen, in geistiger Umnachtung oder durch die eigene Hand endeten. Kein strahlendes Schicksal bleibt bis vor die Schwelle des Todes in Glanz und Glück bestehen; niedergeworfen und gebeugt, geknickt und gedemütigt – gerade die Größten. Und dennoch – der lungenkranke Schiller schreibt Dramen voll geistiger Freiheit, der syphilitische Heine seine schönsten Liebeslieder, der taube Beethoven den »Hymnus an die Freude«. Schwermütige Trinker sind die heiteren Realisten des 19. Jahrhunderts, todgeweihte Kranke und Selbstmörder die meisten großen Expressionisten dieser Zeit.

Außerhalb der Kunst, in Politik, Wirtschaft und Gesellschaft sieht es nicht besser aus: Soweit sie nicht durch Attentäter enden oder durch die eigene Hand, sterben sie in Mißerfolg und Einsamkeit und nur wenige in Frieden auf der Höhe des Ruhms und privaten Glücks. Genaugenommen ist mir niemand bekannt, auf den das letztere ganz zuträfe. Auch das Dichterwort »Des Lebens ungemischte Freude ward keinem Sterblichen zuteil« ist noch vielversprechend formuliert. Was übrig bleibt am Ende fast jeden menschlichen Lebens, ist die erschütternde Einsicht Salomos: »Alles ist eitel und Haschen nach Wind.«

Die guten Absichten verkehrten sich, das eigene Tun löste unbeabsichtigte Wirkungen aus, schlug oft ins Gegenteil um, die Momente des Glücks und die Höhepunkte des Erfolges waren rar und wurden mit allzu hohen Preisen bezahlt: Verzicht auf Ruhe und Behagen, auf Freunde und nahe Angehörige, und forderten vor allem den Preis der Selbstehrlichkeit und der Übereinstimmung mit sich und der eigentlichen Bestimmung.

Diese Bilanz liegt vor uns, wenn wir unser Leben überschauen, und sie ist auch die des halben Jahrhunderts, das dem Fortschritt und der Leistung, der Zivilisation und der Technik, dem Wachstum und der Rationalisierung gewidmet war und das nun zu Ende geht.

Nun heißt es, das Scheitern einzugestehen, die leeren Bettlerhände zu öffnen und von verzweifelten Defensivschlachten abzusehen, die alle den Zweck haben, die Einsicht in die Niederlage zu verhindern. Um sein Scheitern zuzugeben, muß man stark sein, um verlieren zu können, muß man in Wahrheit Sieger sein oder an den Sieg dessen glauben, aus dem man lebt.

Die Christenheit hat das Scheitern Jesu auf Erden durch Ostern hinnehmen können, durch den Sieg über den Tod in der Auferstehung. So wird menschliche Kleinheit nur durch den Glauben an die Größe und Güte Gottes verkraftet, die uns trägt und unsere Bettlerhände füllt. Ein Scheitern vor unserem Ende wird nur dadurch erträglich, daß der Tod schon überwunden ist und das eigentliche Leben uns erwartet. Dieses Leben erscheint in lichten Augenblicken wie ein Traum, an den wir uns verlieren und den wir für wirklich halten. Wenn wir ihn zu ernst und wörtlich nehmen, sind wir wie Somnambulisten: stets gefährdet, hart auf dem Boden der realen Wirklichkeit aufzuprallen.

Wenn wir aber ein wenig Wachheit behalten, jenen »Streifen Wirklichkeit«, von dem Rainer Maria Rilke in seinem Gedicht »Todeserfahrung« spricht, können wir den Traum dieses Lebens in Frage stellen, uns über ihn erheben. Wir brauchen uns von dem Alpdrücken, das er enthält, nicht den Mut nehmen zu lassen.

So gehen wir meist auch bei kleineren Mißerfolgen schon vor: Wir erinnern uns an Wichtigeres, Größeres, das uns über die Situation erhebt und frei macht.

Wieviel mehr trifft dieses erst angesichts des großen, des totalen Scheiterns als biographischer und historischer Bilanz zu: Wir sind am Ende unserer Möglichkeiten, wo Gott erst am Anfang der seinen ist. Gerade unser Scheitern ist es, das zu diesem Glauben befähigt, ja verurteilt. Wann sonst sollten wir der Allmacht Gottes Vertrauen schenken als in unserer Ohnmacht, wann sonst seinen Chancen als vor den Scherben unseres Scheiterns?

Jeder Gottesbeweis – Kant hat sie alle widerlegt – ist blaß gegen den Schrei des Scheiternden: »Herr, hilf!«

Wir hoffen Jahr für Jahr auf die große Wende, den Neuanfang, den Blitz aus dem Himmel und übersehen, daß wir selbst es sind, die neu werden müssen. Wie soll unser Leben etwas erneuern, wenn wir selbst die Alten bleiben? Aber das ist ja das Fatale: Wir wollen weder die Alten bleiben, noch wollen wir älter, noch wollen wir aber auch in Wirklichkeit neu werden. Kein Mensch kann sich so radikal ändern, wie er es im stillen erhofft. Keiner kann aber auch dem Schicksal entrinnen, sein Leben mit jedem Jahr abgekürzt zu sehen.

Wäre das nicht Grund genug, sich dem bedeutsamen, allmählichen, wenn auch vielleicht kaum merklichen Wachstum anheimzugeben, statt auf die ungewisse und vor allem unwahrscheinliche Wende zu warten? Könnten wir nicht dem Ende der irdischen Dinge entgegenwachsen und dabei nicht ärmer, sondern reicher, innerlich reicher werden?

Wird nicht jede unserer Stunden, jedes unserer Jahre, je fühlbarer sie abnehmen, um so kostbarer, soweit sie uns verbleiben? Wer jedes Jahr beginnt, als ob es das erste wäre und zugleich das letzte sein könnte, wird es als ein sorgsam zu hütendes Geschenk hinnehmen, das an Wert gewinnt und nicht verliert.

Er wird den Frühling erwarten und wachsen sehen, die Üppigkeit und Blütenpracht des Sommers genießen, die Fülle und Frucht des Herbstes einbringen und sich der Ruhe und Besinnung des Winters anheimgeben. Er wird die Menschen seiner Umgebung achten und wichtig nehmen und versuchen, ihnen gleichfalls wichtig zu werden und etwas zu geben, was der Erinnerung wert ist. Er wird seine Arbeit so tun, daß sie den Tag überdauert und Befriedigung gibt – dem, der sie tut, und denen, für die sie geschieht.

Er wird seine Freizeit nutzen als Gelegenheit, innerlich weiterzukommen, sich zu bilden, Einsicht zu gewinnen, Urteilssicherheit und Reife.

Er wird die Ereignisse der Zeit wichtig nehmen, sie verfolgen und zu verstehen suchen – so schwer das gerade in diesen Zeiten fällt –, aber er wird sich nicht sklavisch vom Gang der Zeit abhängig machen, der Mode nachlaufen und dem anhängen, was Rost und Motten fressen. Er wird die Zeit als Chance begreifen, Schritt um Schritt zu ändern. Aussichtsreicher als die Wende, die plötzlich kommt, ist das Wachstum, das Zeit braucht. Zeit allerdings, die nicht nur schicksalhaft über uns hereinbricht und uns beherrscht, sondern Zeit, die wir nutzen, die wir erfüllen, die wir als Chance begreifen, unser Leben und unsere Umwelt zu gestalten. Die vielen unsäglich kleinen Schritte sind es, die Taten der Liebe und des guten Willens, die Entscheidungen der Vernunft, die Handlungen der Zuversicht, die die Welt am Leben erhalten und die zur Besserung beitragen können.

Wir können alles versuchen: die Welternährung neu orientieren, die Güter neu verteilen, die Waffen verschrotten, die Flüsse filtern, Betonwüsten demontieren – Leben, Wärme, Glanz, Licht, Hoffnung und Sinn kommen dadurch nicht in unsere Welt zurück. Die Aggression wird andere Mittel finden, die Ungleichheit neue Wege, der Neid weitere Repressalien, das Gift andere Namen.

Die Sisyphusarbeit aller Ökologen, Pazifisten, Sozialisten und Christen gemeinsam gibt vielleicht ihrem eigenen Leben Sinn auf Zeit. Sie wissen, wofür sie es tun, sie hoffen auf Besserung, und der Aktivismus schiebt das Verhängnis eine Weile hinaus. Auch sie brauchen sich ihr Scheitern noch nicht einzugestehen. Sie stemmen sich gegen eine stürzende Wand, aus der der Mörtel rieselt und die nicht wieder aufzurichten ist.

Mag sie stürzen und damit Kraft frei werden, um aus dem Nichts neu zu beginnen, wenn Staub und Schutt verschwunden sind. Damit ist nicht der atomaren Vernichtung oder der weiteren chemischen Vergiftung das Wort geredet, sondern der Besinnung und einer neuen Konzentration der Kräfte auf die einzige Kraft, die uns retten kann. »Widerstehet nicht dem Übel« und »Bekämpft das Böse mit Gutem« ist die paradoxe Botschaft der Bibel, und sie behält recht. Nur so kann das Gute siegen; dazu gehört der Rückzug an die äußerste innere Frontlinie: nichts mehr verlangen, nichts mehr wollen, nichts mehr herbeizwingen, was sich ohnehin nicht zwingen läßt; den Frieden von innen her aufbauen und zu nichts die Hand reichen, das diesem Frieden nicht dient. Eine solche Bewegung kann um sich greifen – schneller als eine Revolution. Nur in den offenen Händen des Bettlers, in das offene Herz des Beters, in die offenen Augen des ohnmächtig Hoffenden kann Gott seine neue Hoffnung einpflanzen.

Der Eigenwille des Menschen ist es, der die Welt dahin gebracht hat, wo sie heute ist. Es bleibt ihm nichts, als diesen Eigenwillen aufzugeben und eine Weile demütig zu verharren, bis Gott ihm einen neuen Weg zeigt und damit einen anderen Sinn und eine Bestimmung gibt. Dies wird sich ereignen, wenn wir es wagen umzudenken, und was sich wie Schwäche ausnimmt, ist in Wahrheit Stärke, denn »meine Kraft ist in den Schwachen mächtig«, es ist die Kraft, die aus der Krise erwächst, der wir uns stellen, die »Kraft aus der Einsamkeit«, die niemandem von uns erspart bleibt – spätestens in der Stunde unseres Todes. Hier werden wir wieder an die Wurzeln, an den einsamen Ursprung unserer Existenz geführt. Hier verlassen wir alle noch so angenehme Gemeinschaft, jede noch so belastende Gesellschaft. Wir sollten auf diesen letzten Gang vorbereitet sein: bei uns selbst, seelisch und geistig, aber auch für andere, gesellschaftlich und praktisch. Dafür sind die folgenden Hinweise im Anhang bestimmt.

Eisig, o Herr, ist zuweilen meine Einsamkeit. Und ich be-
gehre nach einem Zeichen in der Wüste meiner Verlassen-
heit. Doch im Laufe eines Traumes hast Du mich belehrt.
Ich habe begriffen, daß jedes Zeichen eitel ist, denn gehör-
test Du meiner Stufe an, so zwängst Du mich nicht zum
Wachsen. Und was vermag ich anzufangen mit mir, o
Herr, so wie ich bin?

Darum wandere ich und forme Gebete, auf die keine
Antwort erteilt wird, und habe als Führung, so blind bin
ich, nur eine schwache Wärme auf meinen zerschundenen
Handflächen, und doch lobe ich Dich, Herr, weil Du mir
nicht antwortest, denn wenn ich gefunden habe, was ich su-
che, Herr, wird mein Werben vollendet sein.

Antoine de Saint-Exupéry

Anhang

Fragen für den Ernstfall

Für den Fall meines Todes sollte folgendes beachtet werden:

1. Sofortige telefonische Nachricht an folgende Verwandten und Freunde:
2. Sofortige telefonische Nachricht an folgende Vereine und Institutionen:
3. Nachricht an die im Testament eingesetzten Testamentsvollstrecker
4. Bei Unfalltod unverzügliche telefonische oder telegrafische Nachricht an alle unten angegebenen Versicherungen: Lebensversicherungen, Krankenversicherungen, Berufsunfallversicherungen und Rentenversicherungen unter Übersendung der Fotokopien von Policen, einer Sterbebescheinigung und ärztlichen Todesbescheinigung.
5. Gang zum Beerdigungsinstitut:
   a) Familienstammbuch mitnehmen
   b) Sarg aussuchen
   c) Anzahl der zu beantragenden Sterbeurkunden bestimmen
   d) bei Unfalltod ärztliche Todesbescheinigung für die Unfallversicherung besorgen
   e) Bestimmung von Friedhof und Grabstätte. Ich möchte beerdigt werden auf dem Friedhof:
   f) Pastorat benachrichtigen
   g) Umfang und Ablauf der Aussegnungs- und Beerdigungsfeier bestimmen:
      Musik (?)
      Lieder
      Reden
      Mein Taufspruch ist:
      Mein Konfirmationsspruch ist:
      Kirchen- und Kapellenschmuck
      Sargschmuck
6. Mein eigenhändiges Testament liegt:
   Falls erstellt, muß dieses Testament sogleich zur »Eröffnung« zum zuständigen Amtsgericht gebracht werden.
7. Mein Testament ist hinterlegt beim Amtsgericht in... unter der Hinterlegungsschein-Nummer:

8. Es ist ein Erbvertrag unter der Ur.-Nr.... des Notars... in... geschlossen, der beim Amtsgericht in... unter der Nummer... hinterlegt worden ist.
9. Als Testamentsvollstrecker habe ich benannt:
10. Zum Vormund meiner Kinder bitte ich zu bestimmen:
11. Als Ratgeber für meine Familie in finanziellen und wirtschaftlichen Fragen empfehle ich:
12. Für die Abfassung der Traueranzeige schlage ich folgendes vor:
13. Nach meiner überschlägigen Berechnung sollten... Exemplare der Traueranzeige bestellt werden.
    Umschläge für die Adressierung sofort aushändigen lassen und mit Briefmarkenporto versehen.
14. Die Anschriftenliste befindet sich...
    Bitte auch privates Adreßbüchlein beachten.
15. Gleichlautende Todesanzeige in der örtlichen Tagespresse einrücken.
16. *Banken und Kreditinstitute*
    a) Ich habe folgende Konten:
       Vollmacht über meine Konten haben:
       Durch eine Erklärung für den Todesfall gehen diese Konten automatisch über:
    b) Folgende Safes bestehen bei:
    c) Wertgegenstände habe ich hinterlegt bei:
17. Es werden folgende Sparbücher unterhalten:
    a) Diese Sparbücher befinden sich:
    b) Sparpläne bestehen bei:
    c) Sparbriefe unterhalte ich bei:
18. Bei meinem Tod müssen *unverzüglich* (bei Unfalltod telegrafisch oder telefonisch innerhalb von achtundvierzig Stunden) durch Einschreiben und unter Beifügung der Sterbeurkunde, der Policen und der letzten quittierten Beitragsrechnung folgende Krankenversicherungen, Sterbekassen benachrichtigt werden:
19. Folgende Versicherungen müssen umgeschrieben werden:
20. *Sonstiges*
    a) Bei allen Banken Daueraufträge und Abbuchungsaufträge feststellen lassen und entsprechende Kündigungen aussprechen:
    b) Alle Zeitungen und Zeitschriften persönlicher Art aufkündigen, insbesondere:
    c) Den Krankenversicherungen den Tod unter Übersendung der Sterbeurkunde mitteilen – Versicherungspolice, soweit

vorhanden, Fotokopie mitsenden – und bitten, ein etwaiges Sterbegeld zu überweisen auf das Konto:

d) den Lebensversicherern den Tod mitteilen unter Übersendung einer Sterbeurkunde – bei Unfalltod auch einer Todesbescheinigung des Arztes – und Beifügung einer Fotokopie der Police. Um Überweisung bitten oder bei Erbschaftssteuerversicherungen um Überweisung an das Finanzamt in:

e) Witwenrente bei der Angestelltenversicherung beantragen.

Literatur

Bachmann, I.: Die Wahrheit ist dem Menschen zumutbar, München 1981

Baden, H. J.: Schritte aus der Einsamkeit, Freiburg 1983

Bahr, H.-E.: Alleinsein, Stuttgart 1987

Beer, U.: Ein lieber Mensch hat uns verlassen, Genf 1986

Bitter, W. (Hrsg.): Einsamkeit, Stuttgart 1967

Güttenberger, H.: Die Einsiedler in Geschichte und Sage, Wien 1928

Haecker, T.: Tag- und Nachtbücher, München 1947

Kästner, Erhart: Die Stundentrommel vom heiligen Berg Athos, © Insel Verlag, Frankfurt am Main 1956

Kästner, Erich: S. 28: »Sachliche Romanze«, aus: Lärm im Spiegel, Atrium Verlag, Zürich 1985, S. 111: eine Strophe aus »Kleines Solo«, aus: Der tägliche Kram, Atrium Verlag 1948. Rechte bei Erich Kästner Erben

Kierkegaard, S.: Der Einzelne und sein Gott, Freiburg 1961

Kierkegaard, S.: Tagebücher, Düsseldorf–Köln 1962

Krantzler, M.: Der Weg aus dem Scheidungsschock, Bern/München/Wien 1975

Lotz, J.: Von der Einsamkeit des Menschen, Frankfurt ⁴1960

McLean, P.: Einsamkeit ist eine Sehnsucht, München 1989

Oberndörfer, D.: Von der Einsamkeit des Menschen in der modernen amerikanischen Gesellschaft, Freiburg ²1961

Ortega Y Gasset, J.: Der Mensch und die Leute, Stuttgart 1957

Parkes, C. M.: Vereinsamung, Reinbek 1974

Petrarca, F.: Dichtungen, Briefe, Schriften, Frankfurt 1956

Rehm, W.: Der Dichter und die neue Einsamkeit, Göttingen 1969

Riemann, F.: Grundformen der Angst, München/Basel 1961

Riesman, D.: Die einsame Masse, Neuwied 1956

Rilke, R. M.: Sämtliche Werke, © Insel Verlag, Frankfurt am Main 1955

Saint-Exupéry de, A.: Gebete der Einsamkeit, Karl Rauch Verlag, Düsseldorf 1956

Saß, E.: Gut ist es allein zu sein, Freiburg 1987

Scheidt, J. von: Alleinsein als Chance, München 1983

Schreiber, H.: Singles – Alleinleben, München 1978

Schultz, H. J. (Hrsg.): Einsamkeit, Stuttgart ⁶1986

Strauss, Botho: Die Widmung, Carl Hanser Verlag, München 1977

Tanner, I. J.: Nie mehr einsam sein!, Rüschlikon 1975

Tucholsky, K.: Gesammelte Werke in drei Bänden, Rowohlt Verlag,
    Reinbek 1960
sowie die verbreiteten Werkausgaben von Busch, Droste-Hülshoff,
Freud, Goethe, Jung, Kafka, Nietzsche, Schiller

Ein Gefühl, das fast jeder kennt:

Annelie Runge
Angst am Arbeitsplatz
Umgang mit einem
alltäglichen Gefühl
160 Seiten, kartoniert

Hier sprechen Menschen mit den verschiedensten Berufen über ihre Ängste am Arbeitsplatz, aber auch darüber, wie sie mit ihnen fertiggeworden sind. Kein trostloses, sondern ein hoffnungsvolles Buch.